火眼金睛與
中華職棒鐵面裁判蘇建文的三千站場
0.4秒的判斷

目錄

推薦序 6

—推薦序—

不能不知道的臺灣之光：亞洲「唯一」執法超過三千場職棒現役裁判——蘇建文

——中華職棒大聯盟會長、立法院副院長　蔡其昌

棒球運動一直是臺灣的國球項目，以往每每到了國際賽事，每一位熱情的臺灣人民都不忘守在電視機前幫臺灣隊加油打氣，凝聚士氣，鼓舞人心。過去各種艱難困苦的環境下，中華職棒大聯盟的發展也經歷了高潮迭起的荊棘之路，才走到今天這樣的榮景。

早年我曾有過一段玩棒球的經歷，於是深知愛好棒球到進入職業棒球的不易，內外環境與觀念都必須與時俱進，加以創新與改革，聯盟內更要安排推動加速比賽進行的規則、引進先進數據科技等等。我在二〇二一年接下會

長的職務後，亦致力於爭取更多的棒壘球的軟硬體建設，啟動相關修法提案，希望能對體育環境注入新世代的動力與活水，期待能讓棒球領域更加蓬勃，欣欣向榮。

而在我心中，執法裁判就是棒球賽事中十分重要的一環，沒有他們，比賽就無法進行。然而裁判的工作吃力不討好，判決過程中的爭議亦時常招致指責謾罵，使他們背負沉重壓力和困頓。在中華職棒聯盟裁判群裡，以蘇建文的經歷最為資深，亦是中華職棒大聯盟的現役瑰寶，他的堅持與毅力著實超乎常人。蘇建文，我稱他蘇老師，當我得知蘇老師並非科班出身，卻在「裁判」位置貢獻了三十年的歲月，執法超過三千場賽事，創下亞洲紀錄和棒球歷史的里程碑，成為另一位臺灣之光，不得不讓人又驚嘆又佩服。

他所刻畫的篇章在臺灣棒球史上前無古人，據了解，亞洲各國職棒史紀錄裡，日本職棒曾有十八位執法超過三千場的裁判，不過全數皆已退役；而南韓職棒截至目前為止，還沒有任何一位執法三千場的裁判。所以，蘇老師如今已是亞洲唯一一位現役執法超過三千場的職棒裁判，這是臺灣的驕傲！

蘇老師在中華職棒成立三十一年以來，幾乎從頭到尾參與、見證了大大小小國內外賽事，而他的豐富經驗與臨場表現、專業職人的鋼鐵意志與精神，亦深受業界前後輩與同仁以及眾多相關人物和球迷之間的認可；他的執法態度與公正無私的分享更是年輕後進裁判的學習楷模與典範。這本書真實道出他一路以來走過風風雨雨的起伏迭宕，以及幕後不為人知的人生故事，在寫下了職棒裁判的歷史新頁時，也讓讀者共同回顧、感受臺灣棒球史上那些經典的時刻。

—推薦序—

裁判是一場棒球比賽不可或缺的「元素」

——中華職棒大聯盟秘書長　楊清瓏

秉持一顆「不要被淘汰」的決心、對裁判這份工作的「堅持」以及維繫這份堅持的「自律」，如今，建文裁判工作已過了三十個年頭，執法三千兩百多場了！可以說，是臺灣職業棒球裁判執法紀錄的締造者，這是CPBL之福。

比賽中，當我們聚精會神觀賞選手精湛技術的表現、教練調度運籌帷幄的功力、戰術策略展現的時候，不可忽略的是，它還需要有一組公平公正的執法人員，那就是「裁判」，沒有裁判，這場比賽將無法彰顯選手的價值以及認定勝負的基準點。所以說裁判是一場棒球比賽不可或缺的「元素」也不為過。

裁判執法難度很高，讀者可能會不經意地問，難在哪裡？難在要：

一、瞬間精準的判決。

二、乾淨俐落的判決動作。

三、相互（移補位）的默契。

四、棒球規則的運用與說明。

五、高EQ來面對教練的指責。

六、維持良好的體能狀況。

以上的幾個細則，你一定會問，這到底有多難？我不是裁判，我不知道有多難！但是，常言道：親身體驗後才能了解箇中的滋味。這個「滋味」還包含了球團、教練、選手以及球迷無情的批判，他必須要用高EQ來面對，當然也要家人的支持與陪伴才能擺渡難關。

職業裁判與職棒選手非常相似，經常要跨越不同的城市與外宿，如果小孩在就學，太太要照顧小孩而無法隨行南征北討，那麼彼此的生活就變得聚少離多。

建文個性沉穩，非常重視團隊合作與榮譽感，當初加入ＣＰＢＬ裁判的團隊是因為愛棒球，懷抱執法的熱忱，挑戰自我，具強烈成就動機。

裁判執法是很艱鉅的工作，他是值得被尊重的。

想知道裁判的心路歷程，這本書值得讀者細細品嘗，它讓你用不同的方式，進入裁判的領域。

—推薦序—

職棒二年下半球季於聯盟辦公室初見蘇建文

——中華職棒大聯盟技術長　周駿勝

職棒二年下半球季於聯盟辦公室初見蘇建文，笑著問他有沒有打過棒球？有沒有站過裁判？他誠實地回答：「有玩過棒球啦……但沒受過正統科班訓練、也沒站過任何比賽之裁判，但看得懂棒球比賽。當球員絕對不可能的事啦……當裁判是可以透過訓練而學到」，初見面發現這後輩很誠實有點憨厚。

因為棒球裁判工作之緣，就這樣與他展開三十年如兄如弟的情誼，相聚的時間遠遠超過親兄弟，場上或私下的一舉一動和眼神的交會，就知道彼此的呼喚與需求。也因為職務關係而成為長官與下屬，他好學不怕吃苦又不抱怨的態度，深受我的青睞及信任，很多裁判行政庶務自然交由他協助處理，而他也總是使命必達。記得有次過年，特別交代他出一百條棒球規則測驗題，特別交代不能抄寫考古題，而且是要常發生的狀況才行，他二話不說如期完成任務，至今聊起此事他不但沒抱怨，還說沒「黑教練」這樣的「操」，就沒有造就他今日對棒球規則熟悉理解的底子。

裁判工作真的吃力不討好，沒有親身體會是無法了解其中的辛酸及判決的困難度。要在職業棒球裁判界立足三十年至今，持續累積三千多場執法紀錄真的不容易。在很多重要的比賽主審名單的抉擇，蘇建文總是第一個在我腦海中浮現，不是他資深之故，而是他執法認真值得信賴，做事不會倚老賣老投機取巧。裁判技術的傳承，總是無私地分享傳承，還在臉書成立「蘇老師棒球裁判教室」相授。很多裁判訓練講習授課任務交給他，他總是意猶未盡想把畢生所學掏給學員，期盼能為臺灣棒球做點事，協助提升裁判養成的基礎教育，我們私下聊天有著共同的夢想，便是成立國內棒球裁判學校。

要做好裁判工作，沒有強大心理涵養及抗壓力，是很容易被酸言酸語擊倒的，學職本能應不斷精進，體能也要自我要求，這些攸關成敗的關鍵要素，在後輩蘇建文身上是可以找到詮釋。我常對那些後輩裁判提起，蘇建文是你們當裁判最值得學習的對象。

—推薦序—

從素人到達人的旅程

——資深裁判　紀華文

臺灣棒球裁判，現階段當中，唯一接受過美國及日本正統裁判教育洗禮、彙集精華於一身的傳奇人物，就是蘇老師。

一路走來從素人到達人的旅程當中，除了對於工作的熱情以外，更需要的是一份有別於常人的毅力及堅持。

裁判工作有如場上的判官一般，任何的判決，都需要依循規則所賦予的精神，以及剎那的判斷，瞬間做出正確的判決。

建文前輩足以堪稱棒球裁判界的最佳代表人物之一。無論在人品、本質學能、為人處事、於公於私，各方面所呈現出來的風範，都是做為後輩的我，學習的典範。

蘇老師不僅持續鑽研裁判的學理，更將其展現在實務的執法上，且多次獲邀擔任國際重要的賽事，屢獲好評，留下美好的足跡。

三十年專注一件事情，而且把它做好，特別是裁判工作，每天所面臨的挑戰，更是千變萬化，種種無法預測，分分秒秒都是自我的挑戰。當中除了生理還有心理考驗，以及長期出差犧牲與家人相處的時間，在在的考驗自我的抗壓能力，以及內在與外在的拉扯。在這前提之下，要如何保持一貫的專業呈現，並非一般人所能夠勝任。前輩歷經數十年的考驗，一路走來始終如一，充分將達人的精神，發揮得淋漓盡致，做為後輩的我們，每當仰望蘇老師背影，彷彿見到一位巨人走在前方，帶領著我們邁向夢想的旅程，由衷感謝蘇老師一直以來的帶領和分享！

—推薦序—

執著他的棒球夢：「踏進聯盟的初心，始終沒有動搖」

——資深棒球主播　黃步昌

蘇建文是現役中職執法判官中，最資深、歷練最完整的裁判。在Google、棒球維基館、棒球名言堂中，您可以搜尋到許多，蘇建文締造的聯盟紀錄，這些可貴的資產，目前，仍持續推進中。

其實，蘇建文也是最早和球迷建立知性互動的裁判。他是第一位在比賽中，手持麥克風，親自向現場球迷解釋，適才判決的棒球規則依據，這一臨場果斷舉動，不僅及時化解大家心中的疑慮，同時也疏導了對峙中升高的情緒。

這兩年，在ＦＢ「蘇老師棒球裁判實務及規則教室」粉絲團，不管命題是透過親自出題、球迷提問或分享，蘇建文總會用最誠懇的態度，透過互動的方式，一方面為球迷剖析規則解惑，同時也鼓勵球迷討論、搜集各種資訊與案例，讓大家有更多想像和融會的空間；畢竟，廣義的棒球規則，包含聯盟規章、場地特別規定等，一直都是在動態調整中，因時、因地不斷地修訂、漸漸趨於完備。

上次和蘇建文促膝長談，是去年十月初某週末，在臺南下榻的飯店房裡，我去接參加全大運的兒子，蘇建文則是當天球賽的主審。當晚，我們沒有太多寒暄、客套，彷彿直接坐上時光機，回到虛擬，卻又再熟悉不過的「那些年、那些事」，還有一起編織過的「那些棒球夢」。言談間，我恭喜他，為臺灣職棒，成就許多珍貴的紀錄，他則感慨，從前當同期並肩的優秀戰友，如侯威光、葉曜榮、林福全、李柏河等皆已另謀他就，否則，今天這些紀錄的拓展，就會有很多更值得分享的故事。誠如臺灣職棒的坎坷，蘇建文這一路走來並不平順，但是，我所看到的這位相交三十年的摯友（一九九二職棒三年成為聯盟同事迄今），跟我初相識時，並沒有太多的不同。來自屏東的他仍舊忠厚、耿直，仍舊熱愛家庭、工作、重情義，仍舊執著他的棒球夢：「踏進聯盟的初心，始終沒有動搖」。他很溫暖且謙虛地告訴我，很感恩棒球帶給他的一切，特別是栽培他的前輩，和同甘共苦的戰友們。

累積了三十多年的經驗，他靦腆地笑稱有一牛車的資料、筆記和心得，希望在齒牙動搖、腦筋混沌前，把這些寶貝，整理成可以傳承的圖書，特別是在他所專長的棒球規則及裁判育成這兩塊領域。

我很雀躍，蘇建文終於跨出了第一步，出版《火眼金睛與0.4秒的判斷：中華職棒鐵面裁判蘇建文的三千站場》，更感到榮幸，能先睹文稿，為大家推薦這本佳作。

「臺上一分鐘、臺下十年功」，蘇建文把他三十多年來，稱職表現背後的淚水及汗水，分五個單元、用二十一個主題，娓娓訴說這一路走來的歷程與悲歡。透過這本書，球迷朋友不但可以看到，一位優秀裁判培育的過程，更可以讀到，在這段漫漫成長路上，所面對的各重難題與關卡：每一次的抉擇、挫折，都讓他更體會到謙卑的重要。

蘇建文的文字，和他的個性吻合：雖不見華麗，但見真亦見樸實。請試著將他的附錄（蘇建文裁判里程碑紀錄年表）與內文對照著咀嚼，您會赫然發現，我們對棒球的熱愛與執著，透過蘇建文的真情告白，有很多很多的交集與共鳴。當然，許多場上、場下「不可說」、「不能說」的互動與祕辛，在這本書中，處處可見端倪，待您去發掘、索驥。

個人在許多交換播報心得（或演講）的場合中，常會以「言之有物」做為特別強調與申論的主題。其中，裁判的視角，絕對是需要用功的環節，也是比賽隱形的關鍵因素之一。例如，關鍵的投打對決，關鍵的配球，可以是好的壞球，也可以是壞的好球，也可以是……等其他面向，如果，忽略裁判的視角，那麼，常常出現令人失望、扼腕的結果，也就不足為奇了。

蘇建文的《火眼金睛與0.4秒的判斷：中華職棒鐵面裁判蘇建文的三千站場》這本書，或許可以當成了解裁判視角的敲門磚，豐富大家在看比賽的樂趣與門道。

最後，期待蘇建文繼續保持，對棒球的熱忱與使命感，讓那一牛車的經驗累積，陸續有系統地整理出來，跟所有關心臺灣棒球的朋友分享。

—推薦序—

一顆熱愛棒球的心所做的堅持與付出

——社團法人台灣火星人運動發展協會 理事長
中信兄弟棒球隊 副領隊　彭政閔

看了蘇建文先生的這本書後，才知道蘇建文先生原來不是棒球員出身，畢竟從他當主審時傳給投手的動作看不出來。

書中提到蘇建文先生面試時、面對當時的秘書長洪騰勝先生的問題，讓人印象深刻（因為洪家老闆們也是這樣教育球隊）。

而我對蘇建文先生的感覺，他是一位文質彬彬、公正不阿、很嚴肅的一位裁判，他除了公事外，很少會主動找我們聊天，或許也因為裁判身分的關係，無法和我們聊太多，蘇建文先生也是少數從職棒草創期經過風雨、堅持到現在的裁判之一，（有些裁判因為環境景氣不好而轉行），所以職棒的起起落落他都一起和我們經歷過。

我記得以前當職棒環境低迷時，我們在球場外碰到，蘇建文先生就會跟我打氣，要好好帶著學弟們加油，想必蘇建文先生應該是身在其境、有感而發，希望大家一起為這個職棒環境努力、打拼吧！

很榮幸受邀參與蘇建文先生的書寫推薦序。

裁判是棒球比賽很重要的一環，可想而知因比賽的勝負所帶給教練團、球員和球迷們朋友的問侯和指教，裁判是需要承受到多大壓力，三〇〇〇場的執判，至少要花30年的時光（以一年平均一百場計算），蘇建文先生卻只花了不到28年的時間，堅忍精神令人欽佩。

一個聯盟要有偉大的歷史，需要很多的人、事、物和很多環節一起努力，共同打造，蘇建文先生也正在建立著屬於裁判的歷史。

謝謝蘇建文先生因一顆熱愛棒球的心所做的堅持與付出，也請繼續帶著我們一起向前吧！

—推薦序—

裁判也是人

——資深球評　曾文誠

裁判很像路邊執法的拖吊車，每個人都知道它很重要，但沒有人喜歡它。蘇建文就是中華職棒史上很重要的一輛「拖吊車」。很多人都尊稱蘇建文為老師，如果你在臉書搜尋「蘇老師棒球裁判實務及規則教室」這個粉專的話，你可以發現大家都是這麼稱呼他的，我想那是一種對他專業發自內心的尊稱，但對我而言，他真的就是「老師」，是我在棒球規則及執法觀點上，受教許多的指導者。

利用比賽前向蘇建文請教的例子很多，譬如問過他：三壘有跑者投手改採揮臂式投法該怎麼處理？又或者這幾年最有話題性的「本壘攻防戰」，甚至有一回在新莊球場的富邦比賽前，我找到蘇建文，沒有問他任何關於規則的疑惑，而是首次很直接地問他：「我從沒有看你站主審時像前一晚狀況那麼差，是我的錯覺嗎？」我以為蘇建文會想辦法解釋，結果並沒有，他先說了某個球的角度他的站位可能有待改進；接著又和我分享了主審站位和進壘間相關聯的看法。我又著實上了一堂寶貴課程，千金難買。

如果你有機會可以和蘇建文面對面談聊棒球，你的感受絕對和我一樣，感受蘇建文對執法的熱忱、專業和執著。這也是過去一直以來「蘇建文」三個字在我心中的既有形象。

直到我拿到這本書之後，我才思考一個極簡單的問題，那句在裁判出錯時才出現的話：「裁判也是人。」但此時我把這句話提出來，絕沒有貶低或反諷蘇建文的意思，而是看完這本書後，你會真正了解到什麼叫做「裁判也是人」，他們有愛恨惡欲、有喜怒哀樂，但絕大多數時間必須藏起來，尤其當他們在場上執法時。然而，他們並不是機器，不是報名裁判被選上之後，制服一穿就可以上場，那是需要長久時間的訓練和經驗的累積。

也所幸有這本書，我才發現原來蘇建文和我在職涯歷程上是有高度重疊。書中提到一九九一年他二十九歲決定去考中職裁判，我也是在同樣不算小的年紀時進入聯盟，只不過我比他早一年而已；然後又提到洪騰勝秘書長面試他，看到這段我會心一笑，那個年代每個要進中職的人都得先通過那關，尤其裁判人品的考核，那是洪秘書長最在意的。

曾有機會聽洪騰勝先生說過，他在評斷某人是不是適合當裁判時，家裡的支持很重要，這一點你也能從此書看到，蘇建文用不短的篇幅去回述太太是如何支持他去選擇這個職業，及在背後如何打點家裡讓他無後顧之憂，看到此，我很用力地點頭，我同樣地感謝家裡的另一半，這麼多年下來當我外出工作時，成為我最堅強的後盾。然後我也和蘇建文一樣，雖然有太太支持，我們卻也因為工作——他在球場上我在球場邊——同樣犧牲一件很珍貴的東西，那就是陪著兒子成長。他在書裡寫到「早期一趟出差時間都很長，交通移動不像現在那麼方便，最長大概有過一個月沒到家，那時兒子還很小，我回到家他已經睡了，他起床後就到幼稚園，放學回家時我又已經出門工作了，見面的時間真的很短暫。」這種痛我也很有感。

說蘇建文和我「在人生歷程上是有高度重疊」其實應該不止這些，如果你細讀此書，你可以看到他談職棒簽賭案下聯盟工作人員的辛酸，那是我們共同的經歷。還有，他多年來觀察曾接觸過的選手、教練，在他眼中品行極佳之人，像彭政閔、王光輝、呂文生，這幾個人我也曾在別處(包括書籍)稱讚過他們，我想一個優秀的人，不管在裁判或球評面前，他們的態度是始終如一的。

看到這麼多有感的文字外，還是有不少地方能體悟到，身為一位職業裁判的困難之處。我想這也是本書的精華，包括「要能集中精神、直挺挺地站三、四個小時實在不容易，當主審的話又更辛苦一些，為了自身的安全防護，還要穿戴整身的護具，光是腳上那雙有著加重鋼片保護的主審鞋，就重達兩公斤，再加上面罩、護胸、護膝、護襠、護腿等等，腰際的球袋通常還裝有四顆比賽球。」這些體力挑戰之外，還有發生誤判後身心的調適等，這些都不是容易的事。

其實很少人知道聯盟裁判是嚴禁私下和球員、教練親近，那是為免不必要的誤會，蘇建文在書中也著墨了一些。不過我在想長期以來，這種不太和選手教練接觸的不成文影響下，他們似乎也不太和職棒相關人員來往，包括球團、媒體等，讓我覺得他們是職棒產業之中很獨特的一群人，永遠是那麼孤立地存在著。可能是這樣吧！認識蘇老師超過三十年，但我沒有真正了解過他，甚至可以直接說我沒有看過他穿便服的時候，所以對我來說，他就只是個聯盟專業人員，在場上一絲不苟盡責的裁判而已。

直到看了此書，我才意識到那句「裁判也是人」的另類含義，很值得大家去細細品讀。

—推薦序—

這絕對是世界上最難為的工作之一

——《自由時報》棒球線記者　羅志朋

「人，一輩子做好一件事就功德圓滿。」這是已故戲劇大師李國修生前箴言，中華職棒史上最資深裁判蘇建文完美詮釋職人精神。

愛棒球的我，從小就看蘇建文在職棒執法，印象最深刻的是二〇〇三年總冠軍賽牛象大戰，當時鄭兆行擊出長打送回張泰山，一壘審蘇建文卻判定鄭兆行未踩壘包出局且得分不算，興農牛總教練陳威成衝上前理論，怒摔球帽遭驅逐出場，威總隨即出拳毆打蘇建文，輿論譁然。

那時候我還是大學生，心裡想的是：「天啊！職棒裁判也太慘了吧，判不好被罵就算了，還會被打，這絕對是世界上最難為的工作之一。」

二〇〇八年我到《職業棒球雜誌》擔任採訪編輯，有幸和蘇建文成為同事，以往在電視機前才能看到的職棒傳奇人物，如今活生生出現在眼前，還能像朋友般談天說笑，這是夢境才會浮現的場景，現在回想起來仍覺得不可思議。

後來我進《自由時報》擔任棒球線記者，當蘇建文達成三千場例行賽里程碑，我做了一整版人物專訪，他對於入行機緣甘苦侃侃而談，回顧遭威總揮拳這段黑歷史，他陳述事發當下，電視新聞跑馬燈都是「裁判蘇建文被打」，許多親友致電關心，坦言壓力超大，自認沒作奸犯科，為何要被當小偷對待。

透過訪談，體認裁判大人確實難為，更能透視蘇建文執法內心世界；也因這篇人物專訪，城邦文化出版集團注意到職棒圈這號大人物，決定為他出書，這是當初無法預料的蝴蝶效應，很開心能為圈內敬重的前輩盡一份心力。

「有功無賞、弄破要賠」，裁判始終是吃力不討好的工作，執法三十年，蘇建文身上挨了無數球吻，職業傷害還包括脊椎骨刺、左小腿肌腱撕裂傷，必須學會和傷痛做朋友，長年不在家，錯過孩子成長過程，甚至曾數度興起離職念頭。

職棒裁判年收入近百萬臺幣已屬頂薪，待遇不算優渥，他們並非場上主角，也沒有球星光環，肩頭卻要背負沉重壓力，人生有多少個三十年可以揮灑，蘇建文頂住壓力，一輩子做好一件事，贏得球界人士尊敬。

曾私下問不少職棒球員和教練，他們對於蘇建文執法都給予高評價，鮮少出現負評，這不是件簡單的事，他曾在頂級國際棒球賽事，包括世界棒球十二強賽和ＷＢＣ經典賽擔任裁判，國際棒壇看重他的專業和權威性不言可喻。

如果你是棒球迷，絕對要看這本書，如果你有志進入裁判這一行，那就更不容錯過，中華職棒興衰史和裁判辛酸甘苦談盡在其中。

—好評推薦—

我是臺灣第一個在轉播時，將棒球裁判名字後面，加上「先生」的主播，因為我覺得他們值得尊重與尊敬，身為棒球迷也應當透過此書，深入了解他們的故事。

——熱血棒球主播 徐展元

有功無賞！打破要賠！沒人想挨罵，給裁判們多點鼓勵，這工作真的不容易！

——棒球 YouTuber 豹子腿方祀詠

總是被責怪，從未被感謝，輸球贏球方都會罵的人，但，他不到場就無法有任何比賽。

歷史上的比賽，深印在人們腦海，而裁判的面目卻始終模糊，聲音更是從未被聽見。

讀到當年被陳威成教練揮拳的過程，我驚訝地在家大喊：「原來，是他！」

讀完經過，感到不捨，更尊敬那包容。

願意終身投入這樣工作的人，了不起。

願意費心書寫這樣工作的人，太了不起。

做為一個小球迷我想說：

「幸好有你，我才有球看。謝謝，辛苦了！」

——導演、作者 盧建彰

—特別感謝—

財團法人桃園市體育發展基金會執行長 馮勝賢

台灣運動好事協會理事長 謝文憲

國際棒球裁判 劉柏君

棒球球評 潘忠韋

體育主播 常富寧

資深運動媒體人 卓君澤

運動視界主編 楊東遠

知名體育主播 林東緯

MLB聖地牙哥教士隊球探 耿伯軒

九局上半節目主持人 Mike

熱情堅持推薦！

—前言—

三千里路汗與淚的起點

裁判工作的路程，到底要走多久多遠，常讓我想起齊秦唱過的歌〈大約在冬季〉裡的某段歌詞，「……前方的路雖然太淒迷，請在笑容裡為我祝福，雖然迎著風，雖然下著雨，我在風雨之中念著你……你問我何時歸故里，我也輕聲地問自己，不是在此時，不知在何時，我想大約會是在冬季」。投入裁判的成長歷程，感覺像種下一棵不知名的樹，根本不知未來會長得怎麼樣，然萌芽後盼能快快長大，就得茫然尋找養分及學習如何灌溉施肥，等待茁壯中又得適應四季的變化，不被烈日強風暴雨擊垮，一枝草一點露邁向三千里路的里程碑。

一九九一那年我二十九歲，工作選擇正處於人生十字路口上……

PART 1

【挑戰】：沒棒球底子的素人變鐵面裁判

喊出「play ball」後，我們在比賽進行中的每一分鐘、每顆球都要全神貫注。

——裁判人生獨白

01 老婆一席話，我衝去考裁判

一九九〇年三月十七日，中華職棒開打，臺灣棒壇邁入新紀元，人潮擠爆臺北市立棒球場的盛況，是老球迷對職棒元年的共同回憶，因為買不到票而攀到隔壁體育場遙望球場的人群中，也有我和太太的身影。

那時我已經北上打拚，娶了一個和我一樣熱愛棒球的老婆，進場看職棒成了我們的共同興趣。當時從沒想過的是，生涯經歷跟棒球八竿子打不著的我，會在隔年走入場中，以職棒裁判的身分參與中華職棒，且一站就是三十年。

這一切都要從我太太說起，她身材嬌小卻從小就散發出男孩子氣，不僅喜歡看金庸小說、科幻片，還會特地設鬧鐘起床瘋紅葉少棒的比賽，結婚後也是她拉著我進場看球賽。

職棒元年的某天，她無意間在報紙上看到中職招考裁判的消息，突發奇想叫我去應徵看看。

看到徵才訊息上備註「曾是棒球國手尤佳」，我的直覺反應當然是「不可能」。要說我跟體育的關聯，除了愛看棒球，就是學生時間參加排球校隊，打得也不錯，但當職棒裁判？別鬧了吧！沒想到老婆看到的不是我「能不能」，而是認為我耿直、有原則的個性很適合。

「你不是球員出身，沒上的話不丟臉，但沒試就沒有機會，試了搞不好就是你的。」就算我再三推辭，她好像就有那樣的第六感，甚至搬出「幫夫運」的說法來說服我，「我小時候很男生，阿嬤幫我算命，說我會是爸爸、先生、公公、兒子的貴人，搞不好我就是你的貴人，去試試看吧！」

就這樣，我便抱著姑且一試的心態投了履歷，然而卻遲遲沒等到消息，

姓名	蘇建文
年齡	二十九歲 已婚
籍貫	中華民國臺灣省屏東縣
通訊處	[redacted]
學歷	[redacted]
曾任職務	排球選手 保險業務員 鞋廠行政人員 美容院主管
電話	[redacted]
手機	[redacted]
性別	男
Email	[redacted]@[redacted]
身份證字號	[redacted]
應徵職務	中華職棒裁判
希望待遇	[redacted]

蘇建文 29 歲前履歷表

我還是那句「不可能的啦」。老婆卻沒放棄，告訴我「**老天自有定數，該你的誰也搶不走。**」結果，我到另一間公司上班了一個月後，真的接到了聯盟的面試通知。

我只帶了體檢報告就到兄弟飯店，由當時的中職秘書長、「職棒之父」洪騰勝先生親自面試。

他怎麼會從兩百份履歷表中挑中我這個「棒球素人」？我也不知道。洪老闆大概有他獨特的評斷標準，還事先對應徵者做了身家調查，初次面試就知道我是來自屏東的農家子弟、提及我的家庭背景。我想，這樣嚴格的篩選過程，也是要顧及裁判品德、測試我們是否老實。

畢竟裁判是個吃力不討好的工作，洪老闆當時開出的薪資可說相當優渥，相對的要求也很高，面試時就直截了當地告訴我，「做這個工作，抗壓性要很強，判錯了會被罵，球迷還會用三字經『招呼』你，要有心理準備。」

踏入職棒這高壓環境，勢必要能接受與大眾不同的工作型態和生活方式，洪老闆在面試時就明講，「這工作要常常出差，家裡沒辦法照顧得很好，要有辦法承受這樣的問題。」喝酒、抽菸、吃檳榔更被下禁令，碰不碰這些東西？也是面試的題目之一。

「我喝酒，但僅止於交際應酬，有抽菸，但菸癮不大，檳榔的話嘛，因為從小在鄉下長大，小時候曾經嘗試，長大沒再吃過。」當下我就這麼據實以報，畢竟依我的個性也不擅於說謊，不過我同時表明，「只要當上裁判，這些我都不會再碰。」

也許就是這樣的老實交代，把我引向了裁判之路，後來我才知道，不少面試者被問到同樣問題時都沒誠實應答，沒通過洪老闆的品德篩選這關。最後兩百個應試者中，只有四名幸運兒拿下二次面試的入場券，我就成了那其中之一。

第二階段面試要考什麼？其實我也毫無頭緒，依約定的時間抵達臺北市立棒球場後，球員在場內進行賽前練習，看臺上的球迷也陸續進場，讓我忍不住在心裡驚呼「啊！這麼多人呀？」接著就在眾人的目光中進行體能測驗，繞著球場內跑五圈，距離大概也有三千公尺。

好在我平常就有運動的習慣，不然可能就這樣被刷掉了，只是毫無準備的應試，其實跑完還是會喘，說真的也很累，之後還測試了裁判手勢，再接受筆試。一般人看棒球大概就是看得懂怎麼得分這些的，筆試考的卻是棒球規則，我只拿了五十幾分、連及格都不到，不斷心想「完蛋了」。

一層一層關卡下來，都加深我覺得自己不可能被錄取的想法，老婆卻至始至終都和我持不同看法，對我非常有信心，在她眼中，我的個性剛直、硬邦邦的，就像那顆棒球，這也正是**裁判必須具備的特質**。

最後我們去面試的四人中有一人放棄，而我和侯威光、葉新欣（已改名葉曜榮）都順利錄取，就這麼開啟了長長的「判官人生」。

棒球場規格圖(1)

(參照規則2.01)

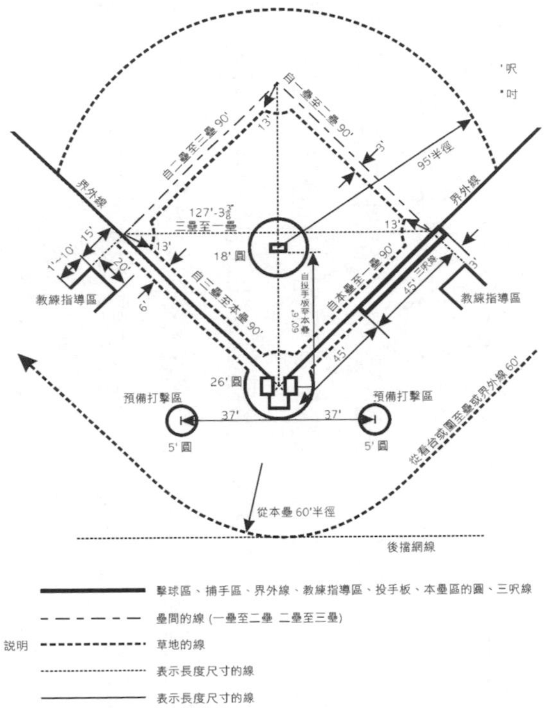

02

老前輩一番建言，我的人生從此改變

職棒成立初期，裁判組招兵買馬，從業餘挖角是最快的方式，然而在當時的時空背景之下，聯盟能撐多久？是不是曇花一現？大家都還在觀望。

那時業餘界不乏優秀人才，包括資深國際裁判連永紹、現任中華棒協技術委員林文明都曾受到中職的邀請，但因有公職在身，與手捧的「鐵飯碗」相比，轉戰職棒太冒險，就怕工作辭了、聯盟卻倒了，自然不敢冒然投入。

另一個考量是，職棒草創時期喊出「清新健康」的口號，洪騰勝先生認為，裁判一定不能跟球員太熟，否則容易袒護，他也因此接納日籍裁判柏木敏夫的觀念：**非科班出身也能訓練成優秀裁判**，大膽從素人中選才。

柏木敏夫自己就是最佳範例，不是棒球科班出身，卻能在日職一待三十一年、執法三千零四十二場。他在職棒元年獲聘來臺擔任客座裁判，協助提升國內裁判水準，在中職站滿一百場，包括在職棒元年總冠軍爭霸戰執法，成為中職史上第一位總冠軍賽主審。

近年中職裁判的甄選辦法，「熱愛棒球運動」、「能配合出差」都是必要條件，資格甚至從「具球員或裁判執法經驗者佳」再限縮為「具中華民國棒球協會C級棒球裁判證」，等於直接把素人排除在外，甄試時還要通過棒球規則筆試，以及體能和專業技術等各項測驗，條件可以說一年比一年還嚴苛。

要是三十年前也用同樣的選拔標準，像我這麼一個「外行人」要成為職棒裁判，根本是不可能的事。

就因為當年柏木敏夫的一番建言，我的人生從此改變。我們同梯錄取的三人中，只有葉新欣有過相關經驗，他從小打棒球，也曾在業餘當教練，不僅有棒球底、身材又好，但他也是歷經職棒成立初期徵選失敗，第二次再投履歷才被錄取。

這讓我想起老婆在我去面試後所說的一番話，「我有觀察出洪老闆要的是一個沒有包袱的人，可以重新塑造，沒有任何色彩的白紙，可以任意揮灑，如果有一張有顏色的紙張，你要配色就不好配了。」回想起來確實有道理。

考上職棒裁判之前，我的工作經歷和棒球毫無關聯，退伍後就上來臺北，當過保險業務員，做過外銷鞋廠的採購行政人員，踏入棒球圈前的最後一份工作是在男士護膚單位當經理，負責員工教育訓練、分析損益、輔導開店等等，多是偏向行銷分析類的工作。

我想是自己的個性使然，看似和棒球毫無相關的經歷，其實日後也多少能運用在我的裁判工作之中，因為在分析這方面的敏感度比較強，日後在裁判執法上有需要調整、精進時，能更有想法地去設計課程來加強，同時激發

1992 年初，裁判赴日接受日籍裁判平光清授教訓練。

1995 年赴美國佛州裁判學校受訓，與講師群合影。

了我想投入裁判教育的興趣。

聯盟在成立初期陸續聘了幾名外籍客座裁判，一方面是要提升執法品質，也希望他們能發揮「母雞帶小雞」的作用。柏木敏夫離臺後，職棒三年換了剛從日職副裁判長職務退休的丸山博來接替，同時還有美籍裁判席博多加入，他們對於執法技術或品德的要求，都在我裁判生涯的啟蒙階段扮演重要角色。

日、美職裁判的風格很不一樣。早年來臺客座的日籍裁判都很資深，相處起來難免有距離，但他們在場上非常敬業、遇上狀況的處理方式比較圓融，傳授給我們的多是觀念為主，對於品德和生活管理更是嚴格要求。

席博多則是典型的美式作風，在場上十分強勢，執法時權威很大，也因為受過美國裁判學校的養成訓練，他教給我們的東西相對於日籍裁判來說更受用，甚至在他來臺那兩年，我看他在判決時的儀態很果決、姿勢很漂亮，還常常模仿他的動作，希望自己能做到跟他一樣。

裁判的技術、站位，基本上都練得來，專業知識可以靠學習來補強，與身俱來的「**個人特質**」也是成為一名好裁判的要素，個性要正直、剛毅，生活要自律之外，多少要有點表演欲；談吐是否大方、對答有沒有主見，也是我日後甄選新人時的觀察項目，這或許就是為什麼當初柏木敏夫會認為，棒球經歷不是入行的必要條件。

我在中職執法至今，曾赴美、日進修，對於裁判的選才其實和柏木敏夫看法相似。有底子雖然容易上手，但國內業餘裁判至今沒有所謂的正規教育，基層更是拜師學藝居多，如果進到職棒，我就希望他們將所學「歸零」，接受有系統的裁判訓練，這也是我未來退下第一線後，想要努力的方向。

03

零經驗直接上站場的震撼教育

我在一九九一年八月一日正式向聯盟報到，裁判生涯一切從零開始，領了練習衫和一本規則後就上工，什麼都不會、什麼都很陌生。在那個裁判養成還未制度化的年代，沒有課程、沒有太多教材可以參考，怎麼當一名職棒裁判？**每一步都是靠著不斷摸索和碰撞、邊走邊學**。

裁判和球員一樣有屬於自己的背號，我就這麼剛好在二十九歲的那年，披上二十九號裁判服。為什麼是這個號碼？沒什麼特別的原因，那時我們同梯三個菜鳥報到，可以選擇的號碼就是27、28、29，而我那時剛好不在場，完全沒得挑，直接被告知「你的號碼是29」。

三名菜鳥加入裁判組，當然先從打雜做起，只要碰到臺北有比賽，我們就要到球場，提早抵達先把裁判室打掃乾淨，再來準備當天的比賽用球，幫學長們打點好一切後，才開始我們的訓練，第一步就從體能、喊聲開始。

當時中職比賽幾乎都是滿場，賽前我們三個穿著不是很制式的運動服，先到外野來回跑五趟，已經喘個半死、臉色鐵青，還要邊跑邊操基本動作，在眾人面前大喊著「Safe」、「Out」，從左外野喊到右外野，柏木敏夫就在一旁聽，確認聲音夠大聲才過關。

那是我從沒體驗過的場面，儘管內心萬分尷尬，卻是讓我們磨練膽量的方式，膽量練起來，實際上場執法時聲音才會夠宏亮、手勢才會夠明確。

比賽開打後，我們進到貴賓室「上課」，場上發生什麼狀況，前輩當下直接講解，賽後再跟著聽學長們的檢討會議。說實在的，當時我對這工作還一知半解，那些內容根本聽不懂，只能勤做筆記，硬著頭皮去吸收。一直到那年底，我們的養成大部分都是這樣的模式。

要說起步時最困難之處，還是棒球規則，報到時拿到的那本規則書，等同於**裁判的「聖經」**，畢竟在場上除了判決，還要能臨場應付各種狀況，規則不能不熟。為了將這些條例烙印在腦中，我隨身帶一本，家裡廁所、房間還各放一本，一有機會就拿起來猛K，還強迫自己每天睡前一定要熟背一則條文。

規則光用看的不夠，不懂的地方再去問學長，因此被拒絕、被刁難的狀況都曾發生過。碰到有些樂天派的前輩，下了場後就不願討論棒球，也有因為怕競爭而「藏一手」的，樂於分享的人還是有，但偶爾為了拜師、討好學長，聚餐由我們埋單都是常有的事。

為了讓我們三名菜鳥更快進入狀況，那時的副裁判長林朝琴要求我們只要到外地出差，每天早上八點就要到審判委員吳清山的寢室報到，聽他從規則第一頁、第一條起逐條解釋，再搭配實際案例說明。

1991 年考入中職裁判後，賽前由日籍裁判柏木敏天親自教授基本動作練習。

一大早的，還不太清醒就接觸一堆生硬的條文，剛開始就像鴨子聽雷，有時還會忍不住打瞌睡，後來逐漸把規則精讀之後，才能加入討論。這樣的「晨訓」維持了大約一年，導致後來我們想到要出差就會怕。然而，在當時的時空背景之下，要盡快把我們拉上第一線，也只能這麼做。

即使每天與這些規則共處，真的把每個條文搞懂、融會貫通，我至少花十年的工夫，不誇張！整整十年累積下來的經驗，才讓我在遇到狀況時，能馬上從規則書上翻到正確的頁面找出答案。從這一點也能說明，裁判養成的每一步，都需要時間的淬鍊和經驗堆疊而成。

我們入職的前半年，大部分時間還是「紙上談兵」，一直到隔年初被送到日本高知縣，在日職阪神隊的春訓基地受訓，當時日職中央聯盟副裁判長平光清親自指導我們，在那二十天裡，他從最基礎的開始教，主審怎麼站、壘審怎麼補位、如何練習不眨眼、設定好球帶等等。

1992 年 3 月 19 日味全 VS 統一，職棒三年開幕戰於台北市立棒球場，擔任第一場處女秀右線審。

這一趟日本行的實際操練，才真正讓我了解移補位是怎麼一回事，帶著滿滿的經驗值返臺，迎接我裁判生涯的第一個球季。

一九九二年三月十九日，職棒三年開幕戰在臺北市立棒球場開打，由統一獅隊對決味全龍隊，比賽開打的鳴笛聲響起，我穿著正式的裁判服跑進場內，「**初登場**」就從右線審開始。

這是碰上「亞洲巨砲」呂明賜加盟味全龍隊的首戰，九千張預售票早早售罄，開賽後更湧入滿場破萬名球迷，時任總統的李登輝先生擔任開球嘉賓，「世界全壘打王」王貞治也獲邀出席，場面十分盛大，但當下我滿腦子只想著，怎麼把自己表現好。

我至今都還記得當時的心情，真的是非常興奮又緊張，興奮的是自己能以裁判的身分站在職棒場上，但面對爆滿的觀眾和四面而來的吶喊聲，獨自站在外野的我又覺得自己既渺小又無助，總覺得一直有目光注視著我，各方

好球帶

(參照規則-定義)

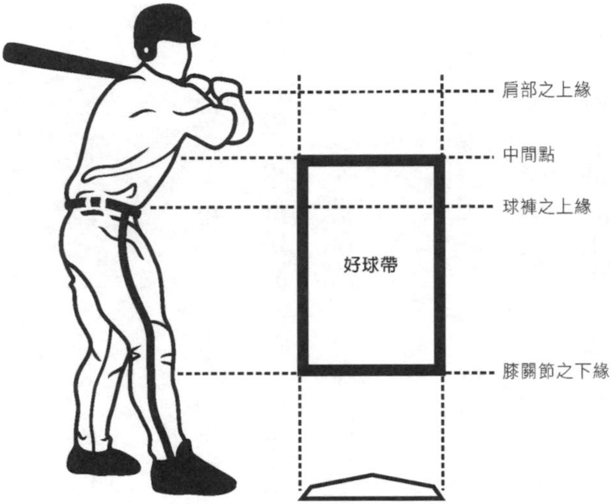
肩部之上緣
中間點
球褲之上緣
好球帶
膝關節之下緣

面都不能出錯，實在渾身不自在。

其實，當下根本沒有人關注我，只有自己在檢視著自己，無論動作、態度、站姿，都要做到最好，把最有精神、最戰戰兢兢那一面呈現出來。直到比賽開打後，我都還在發抖，只能不斷在心中跟自己喊話：「**這是你的工作，必須面對陌生、面對無聊。**」

只經過短短半年的「見習」就在一軍執法，現在看來像天方夜譚，但在那個還沒有二軍的年代，我們的每一步都是從錯誤中學習。幸運的是，當時的裁判長葉南輝老師很敢給新人機會，他都說：「裁判就是要下去站呀，站了才知道問題出在哪裡。」

也因此我才到職不到一年，就獲得了站主審的機會。兄弟象隊奪得職棒三年上半季冠軍後，葉老師直接把上半季最後一戰的主審工作丟給我，是直接當主審耶！我到現在回想起來都還是很佩服「他怎麼敢用？」，同時也很感激能有這樣的機會。

生涯第一次站主審，要我形容當下的心情，我只能說真的「很High、很High」，能站上那個位置當然是一件很驕傲的事，其實心裡也會害怕，感覺就像是場冒險，畢竟我完全沒有當主審的實戰經驗，要試試看自己是否做得到。

即使我至今已累積超過三千場執法，要說職業生涯中最印象深刻的一場比賽，還是那次主審處女秀，也忘不了我在「初登場」就遭受的震撼教育。

還記得那個打席，打者是味全龍隊身高接近兩百公分的洋將馬斯，一顆偏高的球沒揮棒，被我三振出局，他氣得直接把球棒用膝蓋折成兩半。那個動作可把我嚇死了，不停想著是不是我的判決偏差了？心裡十分在意。一直到賽後有學長跟我說，「**誰都會犯錯，但要趕快忘掉當下的狀況，錯就錯一次就好，如果一直想會分心，又會製造成第二個錯誤。**」

那就像給了我一記當頭棒喝，如果錯了，下來再檢討，檢討完再勤加練習，自此後，我也都這麼督促自己。

04

撐過8Kg重裝的甘苦談

裁判這個工作，從日常生活上就要**高度地自我約束**，除了工作過程中要承受龐大的心理壓力，完成一場比賽要耗費的體力和精神，也比一般上班族來得更具挑戰性，當然相對來說，過程中也比別人多了一些截然不同的人生體驗。

要把這個工作做好，自律性要很高，也要把自己的生活管理得很好，要站好一場比賽，必須透過訓練來維持良好的體能狀況，**如何在平均超過三小時的比賽中維持百分之百的專注度，更是執法過程中最困難的**一件事。裁判畢竟不像球員有攻守交換的空間可以喘息，我們在比賽進行中的每一分鐘、每顆球都要全神貫注，這真的不簡單。

要應付一整場賽事，睡飽和作息規律很重要，比賽前的準備和作息，每個人都有各自的調整方式。早期我和現在的年輕後輩差不多，比賽結束得晚，早上通常也起得比較晚，有時候直接跳過早餐，和午餐一起吃。這麼多年下來，現在的作息很固定，不用設鬧鐘，每天早上不到八點就會自然醒。

如果是北部賽事，在家的時間就和老婆泡泡茶、聊聊天；若是出差期間，就會在吃完早餐後出門活動一下。我不像有些學弟喜歡上健身房、做重量訓練，頂多就是加強大腿肌力居多，我比較喜歡到戶外健走、跑步，跑完再繞到附近的傳統市場看看，找點好吃的當午餐，這也算是自己生活中的一點樂趣，填飽肚子後回飯店休息，準備晚上的比賽。

到了球場之後，第一件事就是**先擦球**（用紅土磨去新球上的蠟），之後到場上開始賽前**熱身**，活動筋骨，或是在不影響球隊賽前練習的狀況下，去踩踩壘包、跑位，修正及檢討前一天判決缺失等等，如果是新人就會利用這時候複習基本動作，把感覺和專注力抓回來。

比賽前做好準備，一但上了場，喊出「Play Ball」後，就一刻也不能鬆懈。現在一場職棒比賽站下來動輒三、四個小時，甚至更久，要能集中精神、直挺挺地站整場實在不容易，當主審的話又更辛苦一些，為了自身的安全防護，還要穿戴整身的護具，光是腳上那雙有著加重鋼片保護的主審鞋就重達兩公斤，再加上面罩、護胸、護膝、護擋、護腿等等，腰際的球袋通常還裝有四顆比賽球。

過去主審整身的裝備加起來最多有到八公斤左右，拜科技所賜，現在材質愈做愈輕，身上的負擔稍稍減輕一些。但辛苦的其實不是重量，而這些厚重的裝備都穿戴在裁判服裡，那種悶熱感才最折磨人，尤其到了夏天最恐怖，站完一場比賽流掉快兩公斤的汗，不誇張！這可是我們實際測量過的。

裁判除了維持良好的執法表現，也要做到不影響比賽進行，工作期間連

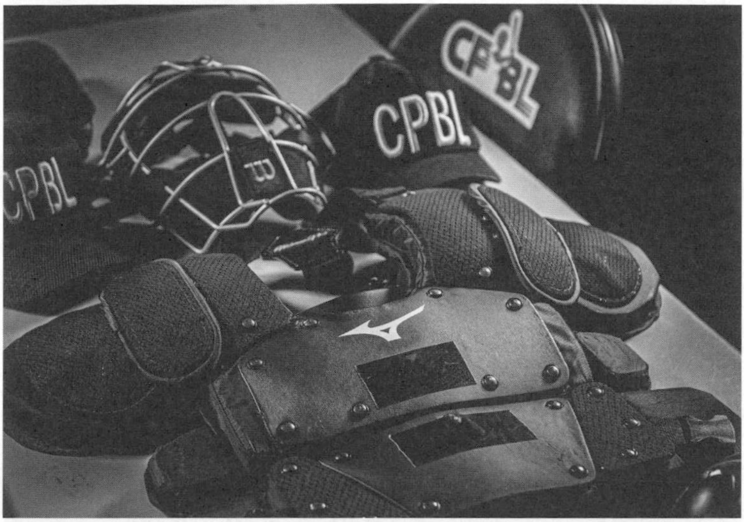

主審的重裝備。

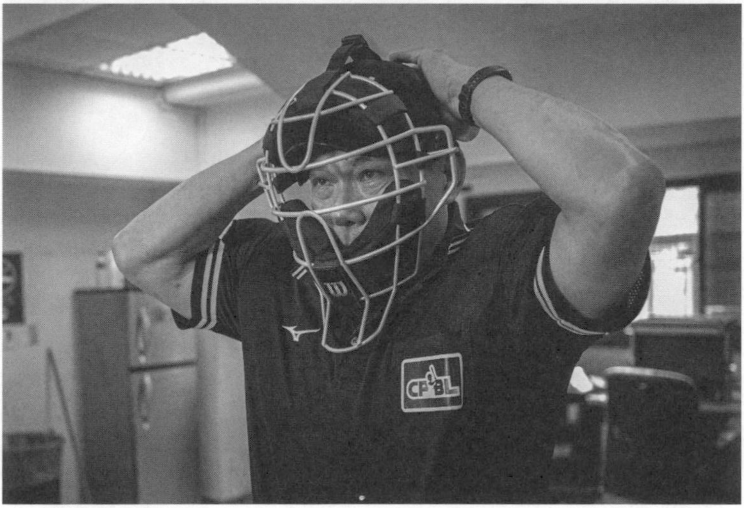

主審著裝完畢。

飲水、飲食都要自己衡量。以我自己的習慣，如果不是天氣實在太熱，一場比賽通常只在賽前和五局結束時補充水分，讓自己習慣了之後，才能控制不在比賽中跑廁所，這可都是要經過訓練的。遇到天氣冷的時候，相對比較難調整，汗流得少就容易跑廁所，有時候忍不住就趕緊趁換局的時候快快跑去解決。

飲食的話可就要更小心一些，懂得「**忌口**」也是裁判在工作期間必要的犧牲，除非隔天休兵，不然像是麻辣鍋或是沙拉、海鮮這些生食，都要盡量忍住不碰，不然比賽中肚子「咕嚕咕嚕」，那真是完蛋了。

以前就曾經發生過這樣的案例：外籍裁判在比賽中拉肚子，攻守交換後一直沒出來，比賽因此暫停等他。當然這是每個人正常的生理需求，但以我自己而言，會影響比賽及執法表現的事情能避就避，要是因為蹲廁所讓大家等我，我會非常不好意思，而且一場比賽時間已經這麼長，裁判如果又拖一下，那也說不過去吧？

要是比賽結束得晚，有時候還要從外地趕車回家，賽後聊天的時間最好都省起來，宵夜也忍住別吃了，為了養足體力應付下一戰，還是早早回去休息「卡實在」。尤其早期交通不像現在這麼便利，裁判出差、移動，說起來都非常折磨人，有時候連想好好休息都不容易。

職棒初期正值臺灣的交通黑暗期，不要說高鐵，連高速公路都只有一條，那時候到南部出差的交通方式就只有三條路線：飛機、火車和中山高速公路（現為國道一號），但公司最多就補貼自強號的車資，要是為了想節省時間搭飛機，只能自己貼錢。

那年頭各隊賽程不像現在是固定主場，有時候去一趟中南部就是各球場巡迴，出發點是到各地推廣，但對我們來說，每天換不同球場真的是很辛苦！常常回到飯店後床還沒睡熱，再睜開眼又要移動了。

有時候比賽打太晚沒有火車搭，要是還能搭飛機，比賽一結束也來不及開會，大家上衣換了就趕車「飆」去機場，一路上真的可以說是「賣命」，現在講起來實在有點危險，但當下為了趕時間真的是先拚了再說。

如果趕不上飛機，那就只能搭客運，後來客運站的阿弟仔只要看到我們，就會馬上幫忙喬座位，但要是碰到假日，客運站人山人海的，連排隊也未必排得到。

早期裁判的裝備不像現在能拖著走，八、九公斤的行李只能背在身上，大包小包去搭車，長途跋涉回到臺北都已經是凌晨兩、三點，回到家卸下裝備，常常肩膀多了兩道瘀血。

如果是到臺中這種距離比較短的出差，有時候幾個裁判會開同一輛車下去，但當時只有中山高一條路線，路上總是塞得一塌糊塗，比賽結束後塞回臺北一樣搞得很晚，現在回想起那些日子，真的是不堪回首，但也都這麼一天天撐過來了。

擔任主審賽前準備的棒球、刷子、計球器、攻守名單。

PART 2
【堅持】：
鐵面之下
必須無私
必須習慣孤單

如果想要當
棒球裁判，
熱忱跟堅持，
這兩樣
你都必須要有。

——裁判人生獨白

01 不為人知也不得不信的裁判禁忌與習慣

棒球場常聽到有「棒球之神」的存在，對於裁判而言，想要一場零失誤的執法，除了靠平時的紮實累積之外，也有一些前輩流傳下來的禁忌，就算你再鐵齒，有時還是不得不信。

早期棒球場有不少對女性的迷信忌諱，禁止進入球員休息室、禁止碰觸球具等等，裁判間也曾有一種說法，避免讓女孩子碰觸到賽前已經擦過的比賽用球，以免那天的執法出狀況、挨球吻之類的。這在我看來，這通常只是巧合居多，現在也不太有這樣的顧忌。

擦球則是裁判在比賽開打前的例行公事，把全新的比賽用球一顆一顆拆封，再用球場的紅土磨去球上的蠟。但只要在過程中有球不慎掉到地板上，我們就不會再把那顆球當成今天的比賽球，不然接下來在比賽中不是因判決起爭議，就是會需要把人驅逐出場等等，狀況總是特別多。

以前日籍裁判來臺客座時，還灌輸我們一個觀念，每場比賽只要一進到裁判室，就該是「**準備好要打仗**」的狀態，一些非關比賽或執法的事情，前一天就要在家裡檢查完成，不該在球場出現。

舉例來說，有裁判會在裁判室順手拿起打火機或剪刀處理衣帽外露的線頭，或是賽前才在剪指甲，雖然都是一些整理儀容的行為，但看在日籍裁判的眼中，全部犯了裁判的大忌。這觀念我們一直到現在都會跟後輩提醒，偏偏有些人就是不信邪，結果當天比賽還真的就出了什麼狀況。

說到賽前不該做的事情，「**不要討論規則**」也是裁判之間的默契。賽前大家到了球場聚在一起，難免會想針對自己在其他比賽看到的判決跟同事討論、分享，但依我們多年來的經驗，這不該是賽前的話題。

比賽前之準備工作－檢視及擦拭比賽用球。

比賽用球。

如果是討論彼此前一天執法的賽事當然沒有問題，但若是賽前臨時開啟話題，拿美職或其他比賽所引用的規則來討論，那就糟了！知道的人很容易能了解，不知道的人卻會因此一直在腦中想答案，進而影響當天在場上的執法表現，比賽中還常會發生其他奇奇怪怪的問題，而且屢試不爽。

以我自己來而言，我執法前還有一個最怕觸碰的禁忌，就是不要和老婆吵架。只要我在賽前和老婆有什麼不愉快，當天就會心浮氣躁，執法表現肯定受影響，所以說「**盡量聽老婆的話**」也是我擔任判官時奉行的第一準則。

別讓自己有太多煩心事也是工作中很重要的一項，要是執法過程中突然一閃神，或是腦中突然冒出什麼想法，整個人就亂了，尤其是在比賽時閃過和家人有關的事，思緒很難不被帶走。

擔任主審所需的專注度又更高，最怕的就是自己在判定好壞球時，因為一點點的偏差，引起場邊的鼓噪聲，不管是觀眾席或球員休息室冒出的一句

「太低了啦！」聽起來都格外刺耳，**要及時把被干擾心思拉回來不容易**，這至今也仍是我認為執法時最困難的事。

當然，要提升執法品質，就要能做到在比賽中不受周邊事物影響，進入「**忘我**」的境界，在站主審當下，只專注在進入本壘板的那顆球，場邊球迷的喧囂聲、球隊的言詞刺激等等，跟我一點關係也沒有。

站完一場主審，那種體力和精神的消耗程度，真的不是馬上能消化，畢竟那四小時的時間處在非常緊繃的狀態，賽後就完全鬆懈下來，當天不管是回到家還是回到飯店，我通常不會馬上去洗澡，一定要先讓自己放空一陣子，慵懶頹廢都沒關係，這是我讓自己舒壓、調適的方式。

為了使執法順利，除了一些禁忌能避則避，裁判也有各自不同的習慣，像我受到老婆禮佛的影響，會在每場執法前藉由心中的信仰來讓自己的心情沉澱下來，而遭遇低潮時，即使加強練習、體能、調整，能做的都做了，卻還是怎麼判都不順時，也會寄託信仰替自己**建立信心**。

至於判得順時，有些裁判為了延續好感覺，那陣子使用的執法裝備，例如每天佩戴的帽子或是球袋都不洗，就跟球員有時為了延續好手感時的作法類似，就是要避免「拐氣」。

想把裁判這個工作做好、讓比賽能順利進行，要付出的代價真的不少，壓力來自四面八方，很多裁判連晚上睡覺時，都還常常會做相關的夢，像我有時候就會夢到自己當天當主審，裝備卻怎麼穿都穿不上去，要不就是有什麼重要的東西沒帶到球場等等的狀況，**連在夢中都繃緊了神經**。

2021 年總冠軍 G3 裁判 Paly Ball 前，裁判之間的加油打氣。

中職例行賽擔任義大對統一比賽主審，大鵬展翅宣告跑者安全。

02 鐵面之下必須無私、必須習慣孤單

想把裁判這個工作做好，必須要習慣孤獨，長時間出差、與家人分隔兩地，還要盡可能讓生活愈簡單愈好。讓自己的生活圈單純一些，對工作上的表現是加成作用，也能避免讓自己惹上麻煩，除了跟不夠熟識的朋友少有聯繫，跟每天都會遇到的球員、教練更要保持距離。

聯盟給裁判的員工守則裡有明文規定，**不能接受球團招待，也不能跟球團人員有過度密切的私交**。國內職棒這圈子其實就這麼小，球季間長期相處下來，其實彼此都認識，但只要出了球場，有私下的邀約就是不行，這是我們必須嚴守的規範。

我因為不是球員出身，這些原則對我來說還算容易辦到，但後來加入裁

判組的後輩們也有不少是科班出身，有些學生時期就和職棒球員、球員熟識，然而一旦有了職棒裁判這個身分之後，什麼樣的場合能出席，可就要拿捏得很謹慎。

像這幾年陸續有棒球名校在季後舉辦校友OB賽，身為校友的裁判也會被邀請去執法，這種情況下，除了要事先向聯盟報備獲准，公開活動結束後，如果還有球員私下約「續攤」，就該有自覺先閃了，不能傻傻地跟著去，這也是做這工作必要的犧牲。

我在這圈子待了這麼長一段時間，跟球員、教練都有一定程度的認識，賽前在球場遇到時偶爾也會聊個幾句，通常都是打完招呼後，問問前一天比賽碰到的判決狀況、互相討論一番，不會刻意聊到其他和棒球無關的事情，所以這都在允許的範圍之內。

也會有一些磁場比較合的球員或教練，多講兩句倒也無妨，只要是在場上聊，不是私下進行都沒關係，話題通常也就是聊球員、聊環境、討論規則、場上狀況，以及下次要注意的事情等等，說起來也都沒什麼私交。

但上述所說的僅限於聊天、彼此討論，若被問到判決解釋，還是要統一由幹部對外發言，避免有心人士藉此做文章。

裁判既不該出現在不恰當的場合，就連「巧遇」也要懂得避嫌。說一個早年的真實案例，有一次三商虎隊和兄弟象隊在花蓮比賽，賽後我們幾個裁判一起去吃飯，進到餐廳時正巧碰到三商虎隊球員在一樓用餐，當時時間也晚了，沒太多可以用餐的選擇，我們沒多想，簡單打了招呼就上樓坐。

那間餐廳裡人很多，也有兄弟球迷在其中，但就這麼剛好，那次系列賽的最後一天，比賽中出現一個對兄弟象隊較不利的判決，回臺北的班機上，我就親耳聽到坐在後面的象迷說，「昨天裁判有跟三商虎一起吃飯。」

聽到這一句，你說冤不冤枉？只是湊巧在同一間餐廳吃飯，既不同桌也

1992 年第一次擔任三壘審。

沒坐同一層樓，從球迷口中說出來怎麼就變成這樣？因此後來，我就常常用這個例子跟學弟們分享，**話由人講**，只能要求自己各方面都更謹慎，別讓人有捕風捉影的機會。

日本裁判在這一方面的要求更加嚴格，同樣的狀況，要是他們在餐廳遇到球員，即便已在用餐中，也會當機立斷買單走人。那次事件之後，我們也用同樣的標準要求自己，如果準備要去的那間店裡有球員、教練，我們一定立刻閃人，換一間吃。

和工作相關的人要懂得保持距離，和這圈子無關的人士，更是撇得越清越好，把交友關係簡單化，為的就是杜絕一切和簽賭有關的可能性。

裁判這工作跟著球賽到處跑，出差機會很多，有些人交友較廣闊，到了外地想找當地的朋友聚聚，但要是朋友又帶了朋友，無法掌握相關背景、是否涉賭，都可能衍生問題，若因此被誤會惹上一身腥，嚴重的甚至會因此賠上工作，得不償失。

曾經有過自己和朋友聚會時，大家談到棒球聊得很 High，席間就有人開始問勝負、問球隊戰力，再問到隔天先發等等，還直接對我說出「怎麼不報一支來簽？」一要是我一句隨口論輸贏的閒聊，被拿去簽賭，又或者席間有人把我們對話的內容轉告有在簽賭的朋友，不巧真的因此得利，那我不就慘了?!就因為類似這種的狀況，我和好幾個人**斷絕聯繫，不再往來**。

要在裁判這工作做得久，該斷的關係都不能留，交友關係也必須再三過濾，即使會讓自己變得沒什麼朋友，都是這個職業必要的犧牲，不能拿自己的飯碗和榮譽開玩笑。

我自認個性有點古怪，不特別愛交朋友，因此把交友圈簡單化這件事不是太難，現在的生活圈裡留下的，大部分是同事，不然就是從小一起長大、彼此十分了解的老朋友了。

03

不願回憶的簽賭風暴，不想面對的真實身分

中華職棒走過三十多年，曾**五度**爆發簽賭案，讓整個環境一再受重創，不僅是中職的「黑歷史」，至今也是許多人心中難以抹滅的痛，而每一次都經歷過的我，也是好不容易才維持著內心那束差點就熄滅的火苗。

我的執法生涯之中，唯一不願回憶的就是簽賭案。

我們平常在場上是公正的判官，但每次簽賭案爆發，卻因為這個身分，到處被指指點點，伴隨著那些刺耳的問候，「你們職棒都打假球啦！」、「比賽是不是打真的啦？」那段期間，我都不願意承認自己是職棒裁判。

最痛心的一次，是二〇〇九年總冠軍賽結束後爆發的「**黑象事件**」，連當時聯盟最具代表性、人氣最高的元老球隊都淪陷，甚至有大牌球星都捲入

當預備審於裁判室侃侃而談。

Lamigo 主場北移進駐桃園，啟用第一場執法裁判。

集中，對整個職棒產業造成危及存亡的重傷害，對我來說也有如世界末日。

「我這麼認真面對我的職業，用盡心力做好裁判這個工作，怎麼會有人打假球？」我無法理解，也拒絕接受這個事實。從看到新聞那天起，我把自己關在家裡，手機從來不關機的我，那三天完全不開機，阻絕一切與外界的聯繫。

那陣子對我來說有多「黑暗」？身為旁觀者的老婆最清楚，看我完全封閉自己的樣子，她選擇先對我「冷處理」，那幾天完全沒搭理我，讓我獨自面對自己的情緒；她自己出門吃飯，再帶一份回家給我，泡了茶也沒問我要不要喝，就放了一杯在我面前。

那種掉入黑洞中的狀態過了不知道幾天，老婆才用她「獨特」的方式把我拉回現實，從冰箱裡翻出一大袋冰塊，剪開了就往我頭上倒！塞滿負面情緒的腦袋突然一陣急凍，我嚇了一大跳，同時也有點生氣，批頭就問她「妳在幹嘛?!」

那個情緒高漲的當下，卻看到她一派輕鬆地說，「你頭昏昏腦脹脹，沒給你冰鎮一下，你一時半刻醒不過來，如果這樣不夠冰，我再去買個十包冰塊回來。」這種瘋狂的行為，讓我當下忍不住用「神經病」來形容她，她卻回我，「你已經快變瘋子了，我不用神經病的方式對待你，**你醒得來嗎？**」

碰到這種事，不只是想把自己關起來不願面對，當整個環境都陷入大低潮時，原本風光的職棒球員變得有如過街老鼠，職棒裁判自然也無法抬頭挺胸面對自己的職業。

過去裁判組會在春訓前到球場進行體能訓練和技術演練，通常都是穿著印有CPBL字樣的練習衫，那曾經是讓人引以為傲的標誌，但假球案爆發之後，那段期間只要有職棒LOGO的衣服，我們都不太想穿。

還記得有一次，整組裁判在球場外操練，一群體格高壯的男子穿著一致在跑步，就有路過的民眾好奇跑來問我們是什麼單位，當時我們完全不想承認自己的身分，就跟他說：「我們是打火隊的啦，消防員。」就怕又因揭露身分招來閒言閒語。

你說裁判之中有沒有人捲入這些敏感事件中？我沒有問過，也不需要多做了解。裁判這個環節，只要一被察覺到什麼異狀就是直接開除，無論是交友圈過於複雜、出現什麼傳聞，或違反相關規定，即使只是擦到一點邊，聯盟都會非常果斷地做出切割，下手絕對快狠準，畢竟要是等真的查到證據才來處理，整個裁判組可能早就完蛋了。

於是這些裁判有些因「生涯規劃」，有些因「身體不再適任」，有些因「違反聯盟的生活規章」，而離開了這個職位。而這樣的前同事，我們也要忍痛切割，即使共事期間感情再好，都不能再有私下往來。

為了防範假球案，聯盟在二〇〇五年成立「安全防護小組」，不只監管

裁判上場前的熱身。

裁判上場前的熱身。

比賽和球員、教練狀況，裁判的私生活也要掌握，我們的手機、家用電話、薪資戶頭以及交友狀況等等，都在他們的控管範圍之內。

除了強硬的規定及道德規勸還不夠，人稱「黑教練」的周駿勝擔任裁判組組長時，他會在賽季開打前就帶著裁判組到廟裡拜拜，並要求整組每個人都寫一張疏文，誠心向神明稟報，雖然看似迷信，但在那之後，一些亂七八糟的事還真的就事跡敗露！

黑教練希望透過宗教的力量進行心靈改革，讓大家有所警惕，並且好好珍惜這個工作。畢竟裁判是這個聯盟的重要人物之一，要是連我們也亂了，那還得了，以後有誰還相信棒球比賽？

要從假球風波中重建職棒的形象，裁判組做出不少的改變，只要在比賽以外的工作場合出現時，都要穿著制服，更特別的是，隔年球季從春訓開始，我們每場賽前做完操，整組人馬就要列隊繞著球場跑，每個人腳步都要一致，就像當兵一樣，差點沒唱歌答數而已。

這個「軍事化」的做法當然曾引起資深裁判反彈，但為了要凸顯裁判的紀律，後來還變成裁判組開訓的「例行公事」，一直維持了好幾年。只能說，在非常時期用非常方法，現在回想起來雖然滿好笑的，但也只有經歷過的人才能體會，那段「黑暗時期」有多麼辛苦。

換個角度想，有時候會覺得這或許是老天爺給的考驗。中職迄今最後一次爆發的假球案就是黑象事件，愈知名的球團出了問題，大家才會愈痛，不光是影響兄弟象的招牌和存亡，甚至讓職棒差一點就玩完，在那之後，才讓聯盟**痛定思痛進行改革**、**建立起更完整的制度**。

當環境出了大問題，大家開始找原因，球員為什麼會被金錢吸引，是不是薪水偏低？還是理財觀念不正確等等。球團因此去了解球員的薪資結構、如何讓他們的收入更有保障，並且在球員合約中增加約束條款，更敢投資的同時，也要求球員為自己的所作所為付出更大的代價。

04

球場上的觀察與看在眼裡的互動

執法這三十年來，跟著中華職棒走過風風雨雨，也看著人員來來去去，我曾經因為那些不潔身自愛的人士感到痛心不已，但也有一些人，始終保持著認真的態度在面對自己的工作，甚至努力地守住整個環境。

裁判和球員、教練間既要保持距離，卻又是在場上和他們最接近的人。長時間的相處下來，每個人的個性和態度是如何，我們都看在眼裡，多少也會去欣賞那些球技好、行為舉止不錯的球員，就像球員會對判決公正的裁判更加尊敬的意思一樣。

如果要說裁判組心中的第一名，**「恰恰」彭政閔**絕對是不二人選。他是我們一致認同的職棒「模範生」，除了在球場上的品行、技術都亮眼傑出，職棒生涯十九年來始終保持高度自律，花邊新聞、簽賭案都不曾和他扯上一點邊。

以我站主審的角度來看，彭政閔當打者時，就算不太滿意好壞球的判決或因此遭到三振，他的反應永遠是笑笑地反問「這顆好球喔？」不會對裁判隨意發脾氣，比賽中的態度也都非常認真。

下了球場之後，彭政閔面對球迷同樣非常有禮貌，常常我們賽後檢討完準備回家，還看到他在和球迷互動，不管是找他簽名、拍照都展現十足的親和力。這些外界看不到的地方，他依然很用心，畢竟比完賽已經很累了，我們也看過有些球員選擇對等待的球迷視而不見。

我眼中的彭政閔，之所以能成為一名偉大的球員，不只是這些態度和小舉動，最重要是他對於整個環境的付出，在職棒因假球案而受重創之際，他背負著要振興臺灣棒球的使命，真的非常努力，就是因為有他，才好不容易把球迷一個一個的拉回來，因此我對他除了欣賞之外，更多了幾分敬畏之心。

從彭政閔二〇〇一年加入中職起，我一路看著他從菜鳥轉變為聯盟的指標人物，他球員生涯中的重要成就我參與了不少，我的執法生涯中的重要時刻，他也沒缺席。

二〇一九年是彭政閔的引退年，而我在該年6月30日達成中職生涯三千場執法的重要里程碑，隔週他也達成生涯兩千安紀錄，那期間有一場比賽，我站壘審，他上壘後就伸出手要跟我互道恭喜，我明白他想祝賀的心意，同時又覺得在比賽中這麼做好像不太妥當。「到底要不要伸出手？」讓我在內心掙扎了一番。

早一輩的球員也有一些和我互動不錯，像是已故兄弟象元老球員**王光輝**，我參與過不少他締造特殊紀錄的比賽，就連他在二〇〇四年6月26日回

中信兄弟彭政閔引退賽，安打上二壘與裁判互道敬意。

中信 VS 義大，擔任一壘審。

到自己家鄉花蓮的那場引退賽，也是我站主審。

王光輝在球場上與裁判的應對一直都很得體，當打者時不會因為好壞球的判決而有太激烈的情緒反應，如果是在壘上的判決有些爭議，就會聽到他說「很接近」、「不好判不好判」這類的話來緩和氣氛，如果真的是裁判的判決有瑕疵，他不僅不會指責，反而會用一句「沒關係，下次判好就好」來鼓勵裁判。

後來王光輝轉當教練，對於裁判的判決同樣很理性，該抗議的時候就會走出來詢問，聽完裁判的解釋之後，也會給予信任。

「飛總」呂文生同樣屬於溫和派的教頭，即使出來抗議，對裁判仍然保持尊重的態度，他會用詢問的方式，而不是給人來「找碴」的感覺，提出的質疑和回覆都很理想。要是對判決還有疑慮，他會在賽後再來請教規則上不清楚之處，私底下的態度也很客氣。

會讓裁判產生留下特別印象的，還有能掌控比賽節奏的球員。投手通常是主宰比賽的重要角色，因此「今天誰先發」偶爾也會是裁判關心的事，一方面是增加比賽可看性，另一個原因則是攸關大家是否能「早點下班」。

當自己執法的場次，看到的先發名單的是控球好、投球有效率的投手，預期能讓比賽進行得更順暢，這對主審來說有一種「小確幸」的感覺，這也是菜鳥裁判來說必經的過程，但執法久了，到我現在這個年紀，其實投手是誰都好，反正上了場就是把自己的工作做好。

早期我最喜歡遇到的投手，像是**陳義信**、**「快槍俠」克力士**、**巴比諾和賈西亞**這些，球又快又準，比賽節奏就很會拿捏。統一獅的**謝長亨**、**郭進興**則是控球非常好，例如謝長亨就會利用熱身練投的那五顆球來測試主審當天的好球帶，早期的投手有這樣的功力真的是十分厲害，現在的年輕投手或許速度上提升不少，但卻不如這些前輩會玩球。

說實在的，當主審時如果碰到不錯的投手，當天判決會喊得特別帶勁，就我的觀察，這樣的**肢體語言無形中也會帶給投手激勵和肯定的作用**，若是我很有架勢的宣判「好球」、「三振」，投手也會更賣力地想投進好球帶。

反之，若遇到控球不穩的投手，比賽時間就會拉長，球好不容易投到邊邊角角，我們又沒判好球，投手也會顯露出無助的眼神或是肢體語言，裁判的心情也很容易被帶著走，有時候投手投不好的情緒還會因此轉化為對裁判的不滿，如果我們EQ不夠好，場面就有可能就此失控。

往裁判休息室。

聯盟特製海報板，例行賽 3000 場紀錄。

PART 3

【信念】：執法場上的激情與成敗

我們不是主角，
沒有噓聲就是
一個好的比賽、
好的裁判。

——裁判人生獨白

01 誤判也是比賽一部分，從錯誤中求進步

「有功無賞、打破要賠。」用這句話來形容裁判的工作再貼切不過了。成就一場好比賽是我們的目的，也是職責，裁判甘於在幕後當個「無名英雄」，但若一個關鍵判決影響戰局，我們就成了眾矢之的，被罵到臭頭也只能默默承受。

身為一名職棒裁判，執法時最討厭碰到的狀況絕對是誤判，只是這卻很難避免，就像大家常說的「裁判也是人、不是機器」，我們用肉眼去判斷每個瞬間發生的差距，要做到毫無失誤，那是不可能的任務。

早期的職棒比賽很激情，如果因為裁判誤判影響比賽，球迷的加油棒、水瓶馬上就從看臺上丟下來，教練、選手接著衝上來理論，甚至動手的都有，

當場就給你難堪，隔天翻開報紙再被批判一次，加上新聞媒體不斷重播誤判的片段，那種感覺真的會很難過。

為了不影響隔天的工作，我們會要求自己，情緒應該在賽後檢討完就要放下了，不應該帶過夜，但今天判完明天就能忘記？那一定是騙人的，腦中會不停想著當時的狀況，只是想得越久、越跳脫不出來。

發生誤判之後，心裡實在很不好受，即使當事者很快就釋懷，但畢竟我們和球員不能有私交，不會聽到他們來跟你說「**別想那麼多**」；同事大概是最能了解自己當下心情的人，但他們頂多也只能以過去的經驗來分享應該怎麼站位、怎麼做可以避免，口頭上打氣幾句。

有時候會在賽後小酌幾杯，讓自己晚上好睡一點，但睡醒總歸還是很在意。隔天起床後的第一件事，就是去買報紙來看，看被報導得大不大、寫文的記者是誰。

每當自己因此鑽牛角尖時，家人總是最重要的力量，他們一句話抵過十個人的鼓勵，就像老婆曾跟我說，「你又不是神，一定都會犯錯，你可以明天開始就不要做了，這痛苦就沒了，但因為一**個小挫折就要放棄了嗎？**」想想確實是如此，不想就這麼被打倒，就要繼續強化自己。

再回到球場的時候，就會特別去為自己的錯誤做出一點表示，賽前找幾個同事重複演練前一天的狀況，就像球員在失誤過後會進行特訓一樣，以實際行為來檢討自己的過錯，這麼做同時也是想讓球員、教練知道我很認真看待這件事，也努力想改進。有在練習、想要進步，大家都會看在眼裡。

我始終兢兢業業地面對每一場比賽，即使已經執法這麼多年，碰到誤判時，還是會時常陷入低落的情緒裡，這跟資歷無關，而是我很在乎，尤其到了現在這個年紀，其實出錯了反而更在意，會很懊惱「怎麼這麼老了還判錯？」

我寧可自己在判決上出錯、判別快慢有誤差，也不容許自己在規則認定上處理不當。畢竟已經算是資深的裁判，也有主管身分，一旦場上遇到狀況，引用規則時不能有不懂的、不會的，不該出現模糊空間，並且要適時導正後輩對於規則不清楚之處。

早期還沒有電視輔助判決時，若出現有爭議或是時間點很接近的判決，審判委員會利用攻守交換的空檔，跑到轉播車上看慢動作重播，來審視裁判的判決。如果是發生在畫面三個影格之內出現的誤判，還算可以容許的範圍，若超出三格解讀出的錯誤，就很不應該，以此做為考核標準。

裁判要**建立威嚴**，被信任的程度是和執法品質成正比，而一名稱職的裁判，最好是能做到不受關注，畢竟我們不是主角，我時常說「**沒有噓聲就是一場好比賽、好裁判**」。

我們的工作就是要讓比賽順利進行，如果一整場比賽的裁決都正確，賽

2021 年中信總教練林威助，上場詢問場上狀況。

後就不會受到太多的討論或批評，但若是場上有爭議出現，通常十次約有七次是裁判誤判。

裁判畢竟不是機器，誤判在所難免，有句話說「**誤判也是比賽的一部分**」，這不是替自己的錯誤找藉口，但有時誤判也是促使賽事進步的推手之一。

還記得一九九六年 6 月 20 日在臺中球場進行的龍象大戰，我擔任右線審，當時球場的全壘打牆還是用鐵絲圍起的矮牆，味全龍隊洋砲法蘭克擊出右外野飛球，球貼著全壘打牆鐵絲網落下，之後就消失了，當下實在很難判斷出球是落在牆內或牆外。

在我的視線看來，球反彈後落在全壘打牆和牆內的外野護墊之間，因此認定是二壘打，龍隊總教練徐生明則馬上跑出來抗議，甚至掀起廣告帆布查看，仍然找不到球。

事後經過電視轉播畫面重播了好幾次，才確認球是貼著牆落在全壘打牆外。因為我這次「視覺錯誤」造成的誤判，讓龍隊錯失領先機會，最後以輸球收場，隔天報紙標題還直接引用徐生明的說法，「完全是敗給裁判」。雖然當時風向都導向「誤判」這件事，但也有媒體做出平衡報導，反應出球場的硬體設施不完善、影響裁判判決的問題，進而促使各球場進行改善，修正不合時宜的硬體設施，包括架高全壘打牆、增加輔助標示線、規定外野帆布的顏色等等，調整各項會干擾判決的設計。

針對這些狀況，其實美國裁判的執法手冊裡都有清楚的規定，我在一九九五年去美國裁判學校時，就有把手冊帶回來給聯盟翻譯參考。臺灣的職棒環境，和裁判訓練一樣是從錯誤中求進步，歷經這些衝擊，才讓國內職棒環境愈來愈好。

02

輔助判決挑戰不了的成就感——「爽啦」

過去的棒球文化中，裁判在場上展現不容質疑的權威，一個手勢、一個判決，都可能成為主宰比賽的關鍵，而隨著時代變遷，為了使棒球比賽更加公平、公正，電視重播輔助判決的出現，大大挑戰了裁判的地位。

大聯盟率先在二〇〇八年啟用電視重播輔助判決，中華職棒隔年跟進，最初用於判定全壘打及界外球，之後範圍逐步擴大至十四項，包括封殺、觸殺、觸身球、本壘衝撞等等都能挑戰。

有了更客觀的畫面輔助判決，能影響比賽勝負的因素就降低了，在我看來確實是好事一樁。只是，當判決要被畫面公開檢視，裁判要承受的壓力也絕對是倍增。

依照聯盟作法，球隊提出挑戰之後，會由聯盟賽務部現場主管、審判委員及備用裁判共同審視重播畫面，再透過耳機向主審（若主審為當事人則為一壘審）告知結果。

每當被挑戰，等待判決結果出爐的時刻總是有點煎熬，轉播通常會切成子母畫面，其中一個鏡頭直接照著我，可想而知我內心有多麼焦慮，卻又不能表現出來。有時候遇上時間點很接近的案例，為了想強化自己判決正確的信念，我還會藉機詢問選手的看法。

就以速度最快、狀況最多的一壘來說，當我做出的判決被挑戰時，如果一壘手正好在身邊，有時就會問一下「你覺得誰比較快？」如果守備員的回答跟你的判決相同，內心會「**暗爽**」一下，更肯定自己的判決；相反的如果問出的答案相反，「**完蛋了、判錯了**」的想法就會在心中浮現了。

這樣隨口問到的答案，當然未必和電視輔助判決的結果相符，有時候也有我們想法一致，檢視結果卻翻盤的狀況，讓我原本有些雀躍的心情立刻跌到谷底。

每當挑戰結果確認我的判決是正確的，那是一種還我清白的感覺，畢竟透過重播檢視時，影片都是用多角度進行慢動作回放，而我用肉眼瞬間做出的判斷，經得起科技的驗證，因而獲得旁人的認同及肯定，真的會特別有成就感。

若是被挑戰成功，內心肯定很挫折，但太過在意也沒有用，現在都會告訴自己，錯了就錯了，下一個再判好就好。因為抱持這樣的心態，一場比賽連續兩次被挑戰成功的機率很低，當然也不是沒發生過，至於單場三度被挑戰的經歷也有，幸好結果都是我判對。

大聯盟當初宣布啟用電視重播輔助判決時，是準備好一套完善且慎重的機制，才讓制度正式上路，實施方式是將影片傳由紐約大聯盟總部，由專門

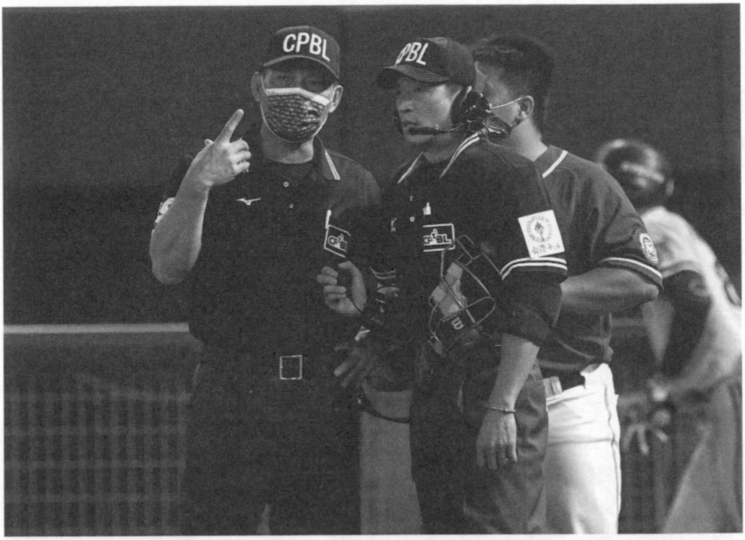

電視輔助判決機制啟動挑戰，裁判場上處理流程。

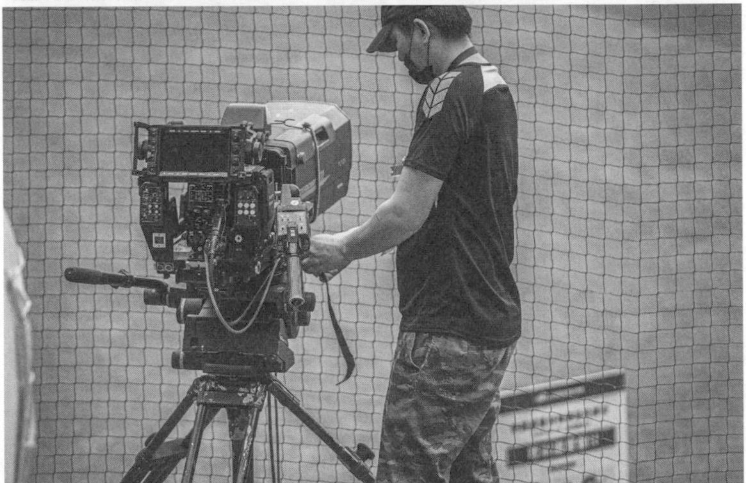
轉播單位攝影師賽前準備工作。

人員負責判定，再將結果告知該場比賽的主審，還為此設置許多特別角度的鏡頭，就為了能更精準的做出判斷。

中職則是在大聯盟實施後的隔年就順應時勢而跟進，卻沒有具備和大聯盟同樣的條件，其實這讓我們裁判組一開始十分不解。在有限的器材和技術之下，能拍到可判讀的畫面是最好，但若拍出來的畫面模稜兩可，寧可不要使用電視輔助判決，否則只會引起更多爭議。

我們無權決定實施與否，只能藉由實際碰上的狀況，和轉播單位不斷的討論、調整，共同提升比賽和轉播的品質。過去有很長一段時間都由緯來電視網獨攬中職轉播，彼此配合久了，我和導播也有接觸，私下常討論到裁判是以什麼角度、站位做判斷，也會針對攝影機架設的位置提出建議。

基本上來說，一場球賽的拍攝至少設置四台攝影機，分別在三壘、一壘、本壘及中外野，若要捕捉更準確的畫面，全壘打牆邊的攝影機則可以判斷線邊穿越球的落點，甚至有些球場的設計，還能在本壘上方再架設一台攝影機，更清楚辨別球的進壘位置。

當然這些鏡頭拍出的畫面，**絕非百分之百精確**，攝影機擺放的位置、拍攝的角度，一定還是會和裁判視角有誤差。以擔任主審來說，有時一顆偏外角的球，在轉播畫面看來卻成了紅中球，我們事後檢視影片時，也要依攝影機的位置調整好壞球的判讀，方方面面才能盡量周全，不誤了比賽成敗。

03

「經典」的判決爭議，榜上有名

中職走過三十一個球季，發生過不少「經典」判決爭議事件，我也曾是衝突事件的主角之一，每當提起「頂撞裁判」、「漏踩壘包」、「總冠軍賽」這些關鍵字，最先出現的就是十八年前牛象爭霸戰的畫面。

二〇〇三年**總冠軍賽第五戰**，我擔任一壘審，系列賽一勝三敗落後的興農牛隊沒有退路，四局下鄭兆行擊出左外野深遠安打，本來能將比數追成二比三落後，經兄弟象一壘手蔡豐安促請裁決，被我裁定漏踩一壘壘包，得分不算，還形成三人出局。

在當時的關鍵局勢下，那個判決影響可大了。落後的一方當然無法接受，球場噓聲四起，不斷有東西丟進場內，牛隊總教練陳威成也走上場了解狀況，但抗議不成後越講越激動，脫下球帽朝我身上丟，我立刻將他驅逐出場，下一秒就吃了他的拳頭……

我確實有盯著跑壘員，也很確定他跑過一壘時沒有踩到壘包，剛好守備員也注意到他的動作，並且向裁判提出質疑。狀況在我的掌握之中，我就能立刻依我當下所見做出判決，證明我沒有失職，如果跑壘員的腳只擦到壘包一點點，也許我不會判他出局，但當時在我看來，距離觸壘是有差距的。

當年不僅還沒有電視重播輔助判決，電視轉播所拍到的畫面也無法還原真相，至今仍是一個懸案。我心裡很肯定地認為，我做出的判決是正確的，但我確實也有需要檢討的地方，後來我重新回想，其實衝突是可以避免的。

陳威成上來抗議時，我應該要先聆聽，再心平氣和地解釋我所看到的狀況，讓他的情緒緩和下來。但當下我也想證明自己是對的，急著跟他解釋，那種狀況下他絕對聽不下去，雙方都急了，肯定就會碰出火花。

我認為自己有理，他也要捍衛自己的選手，當下他一著急又講不過我，就摔帽子表達不滿，但當時我們兩個站的距離太近了，我順勢比出要將他驅逐出場的手勢，動作卻看起來像是要推他一把，才讓他氣到朝我右臉揮了那一拳。

當晚事情發生之後，國內電視台跑馬燈二十四小時不停投送「**職棒教練打裁判**」的訊息，新聞也一直輪播，好像發生了什麼社會事件似的，對我來說無疑是二度傷害，連我當時才十歲的兒子都不斷問我怎麼出現在電視上。

讓我最難過的是，大家好像都認為我是因為誤判才被打。我曾跟兒子說，「爸爸的工作很辛苦，新聞這麼一登出來，跟小偷沒兩樣。」但我不偷不搶，也沒犯什麼罪，只是一場棒球比賽、一個無法證明誰對誰錯的判決，卻被迫要二十四小時出現在新聞版面？那段時間，心裡真的很不是滋味。

2003 年牛象總冠軍賽 G5，牛隊總教練陳威成抗議是否漏踏壘之判決，與裁判火爆場面。

那次的事件，沒有攝影機拍到關鍵畫面是事實，這也因此讓轉播單位願意花更多心思和人力盯住每個環節，進而促進職棒轉播共同事業體向上提升，那我想，我挨的那一拳和那陣子所受的委屈，應該算值得吧。

講起職棒場上的「經典」判決爭議，還有幾個我也榜上有名，特別是總冠軍賽這種充滿張力和激情的時刻，最容易擦出火花。

二〇〇九年總冠軍賽打滿七戰，我就獲得了三場擔任主審的機會，是本土裁判第一人，其中象獅爭霸的關鍵第七戰，象隊朱鴻森打擊時喊了暫停就退出打擊區準備，但我沒准，還是比賽進行中，他看到獅隊投手恩洛德把球投出後才趕忙跑進打擊區揮棒，擊出內野小飛球被接殺後，他氣得衝來跟我理論，還動手推了我一把，被我驅逐出場後再用胸口撞了我一下。

當時我可是先提醒他，比賽要 Play 了，但他沒理會，才造成後續的狀況。

但這個事件最讓我印象深刻的是，那年總冠軍賽結束後就爆發「黑象事件」，

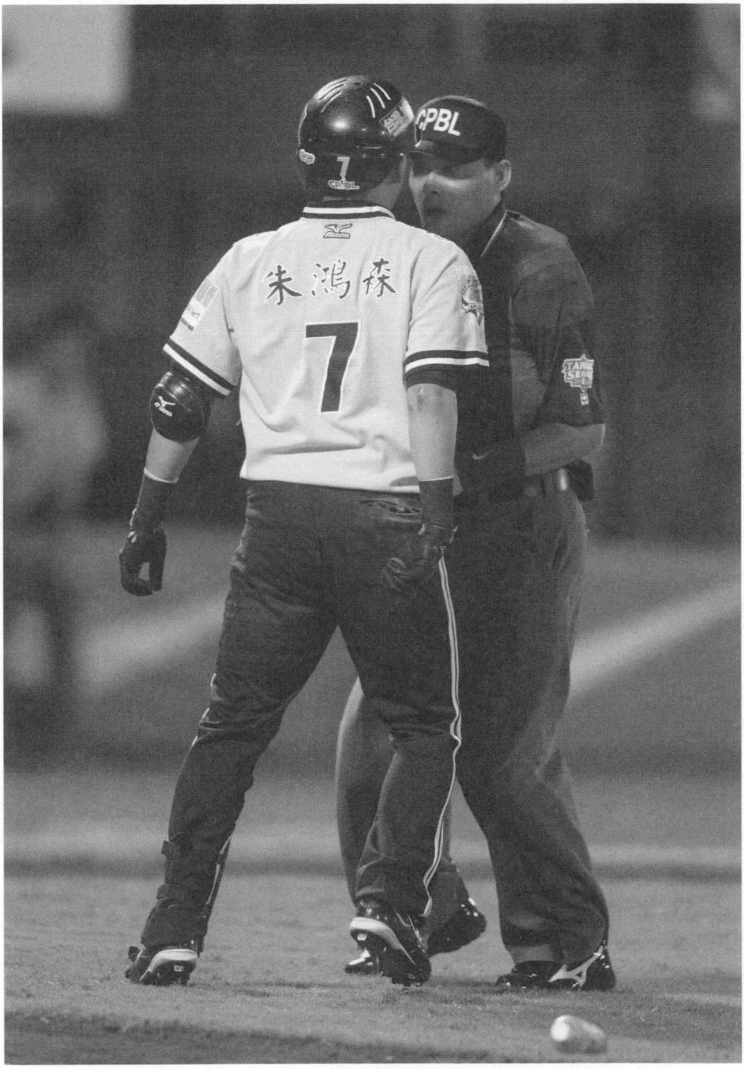

2009 年象獅總冠軍賽 G7，象隊朱鴻森抗議暫停不准而身體衝撞裁判。

涉打假球的球員中，朱鴻森也上榜，那一個打席就成為他職棒的告別作，因此日後提起這件事，就有人跟我說，那次的判決真是「趕得好」。

二〇一**五年總冠軍賽**則是發生討論度也很高的「跨欄事件」，我擔任猿象大戰第六戰的主審，被聽牌的 Lamigo 桃猿隊沒退路，洋投明星一顆偏低的球，被我判壞球形成保送，讓比數形成一分差距，猿隊總教練洪一中見明星有些不滿情緒，立刻身手矯健地跨過桃園球場休息室圍欄，衝上場擋在我和投手之間跟我理論，其實就是要我別把他們的投手趕出場。

過去這種火爆的爭議場面，如今愈來愈少見，針對比賽中發生抗議、趕人的處理方式，以及各位置的裁判遇上衝突時，該做什麼引導、防範，都已逐漸納入現在的教育課程中，美國裁判學校也有將相關的處理程序化為文字，當做裁判教材。

面對爭議狀況怎麼處理，應有一套既定的程序，不該是裁判說了算，我

中信 VS Lamigo 總冠軍戰 G7，洪一中上場替投手之好球未撿而打抱不平。

一直認為，裁判要有威嚴但不能變成威權，不能拿雞毛當令箭。大聯盟退役資深裁判賴瑞・楊（Larry Young）在二〇一四年來臺主講裁判講習時，也有特別上過這堂課。

在我們碰過的爭議中，只要對方動手了一定是驅逐出場，最怕遇到的是不帶髒字卻很「盧」的抗議方式，就像「草總」的謝長亨，他被形容是棒球場上的「君子」、「紳士」，即使上場爭辯，也不會太過激動，但不會輕易罷休，這時裁判要怎麼控制時間、怎麼讓他回到休息室，都是一門學問。

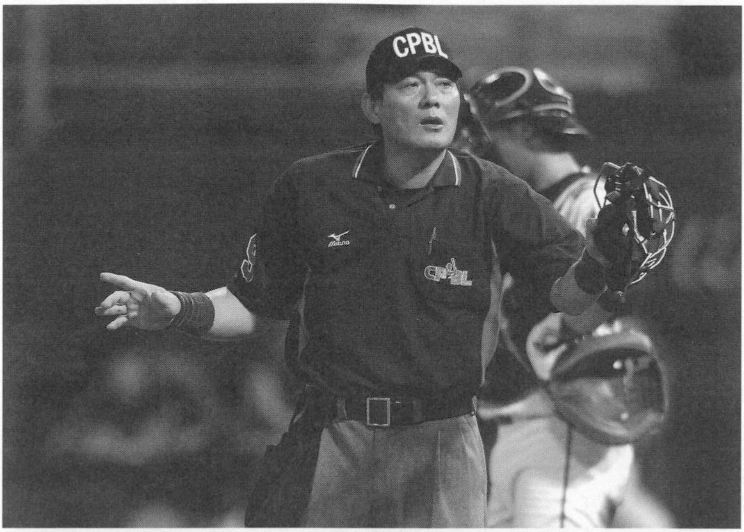

於桃園球場擔任主審，與休息室總教練進行交涉過程。

擔任主審向中信總教練上場質疑判決的解釋處理。

04

站上國際賽舞臺，王貞治也激賞「火眼金睛」

裁判執法的成就感來源，除了在場上用正確的判決贏得信任，踏上國際舞臺為國爭光的想法，其實也和球員想拚進國家隊的心情一樣。

二〇〇五亞洲職棒大賽開辦，也開啟我參與國際賽的機會，兩年一度的賽事由各聯盟調派裁判支援，比賽舉辦了七屆，中職裁判組大家輪流上陣，我曾在二〇〇七年到過日本東京，二〇一一年的比賽則在臺灣執法。

真正有機會被「挑選」到世界級國際賽事執法，關鍵是二〇一四年在臺灣舉行的U**21世界盃**，當時擔任大聯盟裁判督導的賴瑞．楊親自來臺了解亞洲裁判的水準，並替未來大聯盟所舉辦的國際賽「面試」種子裁判。

我和同事紀華文被安排擔任其中兩場比賽的裁判，站一場主審、一場壘審，那也是第一次，有中職裁判在世界棒壘球總會舉辦的國際賽執法。

我擔任主審的那場比賽在臺中洲際棒球場進行，由日本對上澳洲，那時的感覺我至今仍記憶猶新，當有人在看你執法、替你評分，除了希望表現正常發揮，在場上還多了點企圖心，有一種接受國家隊測試的感覺，判得好與壞將會影響入選機會。

我想我和小紀在那兩場比賽站得還不錯，順利通過了考驗，為自己爭取到隔年在第一屆世界十二強棒球賽執法的機會，那種代表國家站上世界舞臺的榮譽感，說真的不亞於選手。

世界十二強賽是全球頂級棒球國際賽事，由世界排名前十二的國家參賽，每四年舉辦一次。二〇一五年的首屆賽事，預賽到八強複賽都在臺灣舉行，「世界全壘打王」王貞治也被邀請擔任開幕戰開球嘉賓，盛大程度可想而知。

最讓我印象深刻的是開幕第三天在天母棒球場舉行的日本、墨西哥之戰，那場比賽我擔任主審，九局上墨西哥還落後一分、一壘有人，打者羅培茲突襲短打，來了一顆內角球擦到球棒，他馬上翻一圈跌坐在地上，跟我示意被砸到手，想要騙到觸身球上壘。

當下我看得很清楚，一眼識破他是「演」出來的，所以很果斷地判了擦棒球，他一直甩手跟我爭取，我只朝他揮了一下，要他別跟我講這麼多，之後墨西哥總教練上來跟我抗議，我還是維持原判。

後來看臺上有球迷在喊「**超級喜歡蘇建文**」，還有網友幫我剪輯影片傳到網路上，說我是「**火眼金睛**」，受到很多討論。更特別的是，事後透過新聞報導得知，人在現場的王貞治多次肯定我擔任主審的執法表現、判決很果斷，得到這樣的讚美，實在非常有成就感，尤其我的身分是代表臺灣。

那天是我第一次見到王貞治本人，我們在球場迎面走過，即使內心有些

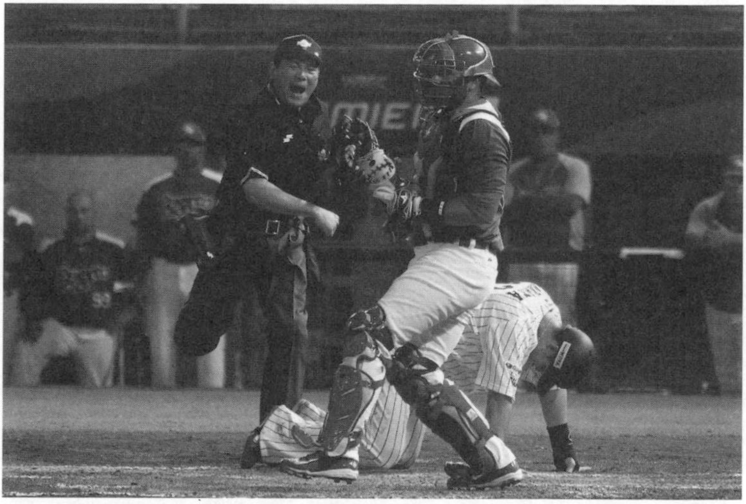

2015 年世界盃 12 強比賽，擔任墨西哥對日本主審，本壘攻防戰判定跑者出局。

興奮，卻顧及自己當時是裁判的身分，只和他點了頭致意，不然其實很想跟他握握手，能留下一張合照更好，那一定會是這一生中至高的榮耀，至今想起來還是覺得有些遺憾。

當年十二強預賽共有來自各國共二十三位裁判分擔執法工作，世界棒壘球總會從中挑出表現較優異的十二人繼續飛到日本參與準決賽和決賽，我和小紀都在其中，可惜的是中華隊沒有晉級八強，我們兩個裁判因此成了當年的**臺灣代表**。

冠軍戰在東京巨蛋舉行，六名執法裁判分別來自臺灣、日本和美國，如果那時是日本打進冠軍戰，會一點日文的我就會被安排擔任主審，但最後是韓國和美國爭冠，主審工作就交給了英文能力比較好的小紀，我則被分發為右線審。

有機會站到那個場合，卻只是擔任線審而非壘審，心裡難免有點失落，

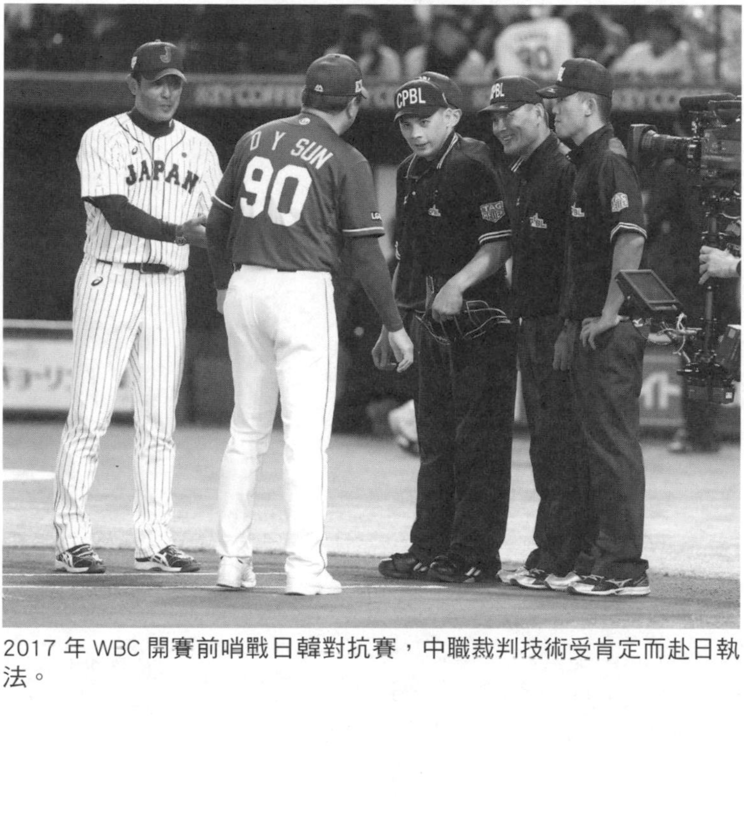

2017 年 WBC 開賽前哨戰日韓對抗賽，中職裁判技術受肯定而赴日執法。

但比賽中還是有我貢獻臨門一腳的機會。

四局下美國隊○比七落後，跑者攻佔二壘，打者打了一個內野高彈跳球，跑上一壘時被投手的傳球擊中背部，小紀認定跑者妨礙跑壘出局，這個判決沒有問題，但原本二壘上的跑壘員該怎麼處理？

當下美國籍的三壘審認為，狀況發生時二壘跑者已繞過三壘，因此應留在三壘，我聽到後發現不對，依照規則，妨礙是發生在打者跑上一壘之前，跑者都要回到原本的壘包，所以就想辦法用我的破英文拼湊出幾個英文單字提醒他，聽我這一說，他也馬上跟我道謝。

那次十二強賽期間還發生一個插曲，我和小紀結束在臺灣的執法工作時就先領了執法費用，之後到日本站完決賽，要再領決賽費用時，世界棒壘球總會給的卻是兩階段所有執法場次的總額，我一看覺得金額不太對，不該給我們那麼多，就主動告知。

2015 年世界盃 12 強比賽，擔任波多黎各對日本比賽主審。

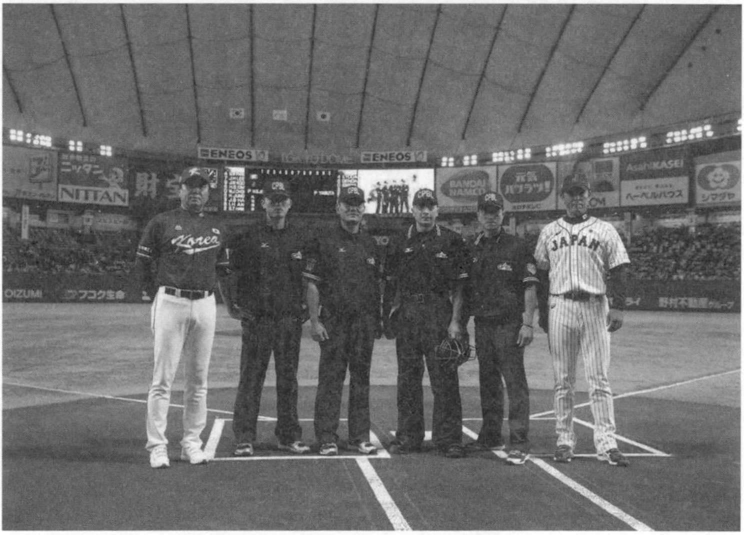

2017 年中職裁判受邀擔任日韓對抗賽大會裁判。

當時主辦單位沒有收據和紀錄，但我該拿多少就是多少，把多出來的費用退回。除了是自己個性使然，也因為當時我所代表的是臺灣，一言一行都要很謹慎，如果當下選擇把整筆錢拿走了，要是主辦單位事後追錢追到聯盟來，那豈不是要丟了自己和國家的臉。

我和小紀在十二強賽的執法在國際上獲得好評，兩年後又受到大聯盟的邀請，支援二〇一七年第四屆**世界棒球經典賽**的執法工作，小紀先到巴拿馬站資格賽，我則是被安排到日本東京負責Ｂ組賽事。

站過世界十二強賽、經典賽，想達成頂級棒球國際賽「大滿貫」，我就獨缺**奧運**這塊拼圖。這曾經是我的目標之一，但這可沒那麼簡單，除了要能力好，多少也要需要點機運，畢竟奧運四年才一次，而且棒球可是盼了十二年才在東京奧運恢復舉辦，參賽隊伍、場數都減少，只有十一名裁判獲邀去執法。

小紀比我幸運，去年踏上二〇二〇年東京奧運棒球賽的舞臺，成為臺灣第一位在奧運執法的棒球裁判。而我錯過了這次機會，就不太可能、也不會再把奧運放心中了，畢竟奧運下一次再有棒球賽，最快要等到二〇二八年的洛杉磯奧運，那時候我都已經六十五歲，倒是有個新萌芽的希望，想拚看看退休前有沒有機會，參與到在臺北大巨蛋舉行的棒球賽，在臺灣自己的巨蛋裡執法。

能到國際賽擔任執法人員，這根本不在我過去的人生規畫中，早期只想著怎麼把中職裁判這個工作做好、靠此謀生，是這幾年國際賽的趨勢改變，慢慢地從業餘裁判改用職棒裁判，才讓國際賽成為我們能爭取的另一份榮譽。

其實這感覺就如同選手想靠好表現拚進國家隊一樣，平時在自己的工作上用心付出，夠努力就有被看見的機會。但這樣的名額畢竟很有限，不知道多少年才輪得到一次，因此能被指派到世界級的舞臺，真的非常非常榮幸，每一次都是很珍貴的回憶。

我因為裁判這個工作，有機會出去看看世界，尤其幾次參與國際賽的經驗，都受到高度禮遇，因此我常鼓勵後輩要好好把握，別只把眼光放在國內，多具備一項語言專長，要爭取去國際賽一定更吃香，就像紀華文除了場上的執法表現獲肯定，也有自行進修英文，機會相對就比較多，更能站出去看看世界。

2017年日韓對抗賽於東京巨蛋，中職裁判受邀執法，裁判會議後留影。

PART 4

【面對】：執法場外的親情大考驗

「成功的男人
背後都有個
偉大的女人。」
裁判受到肯定，
老婆扮演著
最重要的角色。

——裁判人生獨白

01 和諧的家庭關係，才有好的執法表現

職棒裁判和球員一樣，長時間出差在外，跟家人**聚少離多**，如何維繫好家庭關係非常重要，但也很不容易。臺灣還算小，要是真的發生什麼緊急的事情，搭高鐵一、兩個小時就到了，像日本領土幾千公里，美國更不用說，一趟出差飛到這飛到那，路途遠、時間又長，要維繫感情更難。

裁判在賽季期間常常是「以飯店為家」，長期和另一半分隔兩地，難免有不甘寂寞的時候，會發生什麼問題，老前輩們可能看得不少，在我剛入行時，丸山博就很明白地告訴我們，「這個工作常常要出差，接觸最多的就是飯店的櫃檯小姐，有些需求寧可花錢去解決，也不要和她們有私人感情。」

在這個圈子裡少不了的，還有和球迷的接觸，裁判累積了些知名度後，

多少會有熱情的女球迷來獻殷情，早期我就收過她們送的東西，帶回去後也老實地跟老婆報告，她嘴上雖然都說不介意，後來吵架時卻都是介意的；有時候也會有女球迷打電話到飯店，正好老婆也打來卻佔線，這就很難解釋。

球迷出於崇拜心態，她們有什麼意圖，我們大概都知道。當然我自認知道分寸在哪裡，也可以對天發誓沒做過任何踰矩的行為。因為內心坦蕩蕩的，有時就沒有跟老婆解釋太多，也認為不需要，其實這才更糟糕，製造老婆的不安全感，這點我心裡一直很內疚，後來就盡量不再和球迷有接觸。

無論國內、國外，因為投入這行業而離婚的裁判不在少數，要不然就是因為家庭因素而離開這工作。家庭和不和諧會直接影響一名裁判的執法品質，尤其另一半如果不支持、不信任，裁判也無法全心投入在工作上。

我和老婆大概花了十年，才慢慢磨合出最適合彼此的相處方式，說到底，另一半最需要的其實就是**傾聽和陪伴**。

1994 年春節與家人小硫球之旅，怕老婆辛苦擔任褓母。

2019 年球季結束，陪同老婆至礁溪溫泉餵魚。

沒有長時間相處造成的摩擦真的不少，我又是性格比較直腸子的人，講話也比較直接，看到什麼就會直接說，想要什麼就去做，我就靜不下來，不懂得挑個合適的時機再進行。有時候想為他人好也用錯方法、給錯方向，總是惹得另一半不開心。

因為出差常住飯店，讓我對環境有點潔癖，不能容忍家裡有一點髒亂，有段時間老婆只要知道我準備回家，就會提早開始打掃。她期待我回家後的畫面應該是兩人很有話聊，但我卻一進門、行李一放就拿開始吸地，搬開沙發看到掉滿地的玩具，還忍不住質疑她，「不是說剛剛才整理過？」這一句話出去，摩擦就產生了。

在我的傳統認知裡，女孩子可能廚藝方面比較在行，但像拖地板這類的家事，做起來也許就沒有男孩子來得「精光」，因此我只要出差回到家，就想把這些事攬起來做。我的本意是想幫她的忙、想彌補她，卻沒顧慮到她的感受，讓她覺得我是在嫌她沒把事情做好。

我畢竟是農家長大的「庄腳囝仔」，一些做法和想法都比較傳統，曾經我總認為，我只要管好自己、把工作顧好、賺錢拿回家，這應該就算是「夠格」的丈夫和父親了，卻沒去理解老婆真正要的是什麼。

老婆長年一個人顧家，讓我全心投入工作之中，她所承受的重擔可想而知。通常在我出差時，彼此在電話中都是報喜不報憂，但老婆難免還是有喘不過氣來的時候向我吐苦水，以前我都不懂其實她要的不是我教她怎麼做，只是需要發洩情緒，要我的陪伴和傾聽。

兒子畢竟和媽媽相處的時間比較長，比我更了解她的想法，在他長大懂事了之後，漸漸地幫我解讀老婆的內心世界，他建議我要用**同理心**去感受，讓我慢慢去改善那些從前做得不夠周全之處，老婆現在都開玩笑說，能言善道地兒子已經能代替她「教育」我了。

我也是和老婆經過無數爭吵後，才慢慢體悟出這些相處之道。吵架是我們抒發不滿的方式，有事情就當下講清楚，吵完了睡一覺醒來，隔天我就跟她道歉，我們之間絕對不會「冷戰」，**只要冷戰我一定會死得很慘**，因為天天都要面對比賽，一件事掛在心上不解決，執法上怎麼能不受影響？

現在老夫老妻的日子，我們偶爾吵吵鬧鬧，感情卻愈來愈好，只要我在臺北的日子，我和老婆就會起個大早，配著早餐邊泡茶邊聊天，兩個人一個早上大概就能喝掉兩壺茶。我後來慢慢能了解，老婆要的真的不多，不愛名牌包、不需要太多物質享受，只希望我能陪著她、一起聊天、喝茶，平淡的相處反而最有滋味。

老婆總說，夫妻的相處之道就是日常的陪伴，既然職棒裁判這個工作的特殊性，勢必會對另一半有所虧欠，那最好的補償方式是多陪伴，無論聊天、散步，主動去了解對方想要什麼，不要因為頻繁地爭吵導致情感分離，因此導致離婚、離職，不是很可惜嗎？

以過來人的身分，我還是一再強調，家庭一定要和諧才能在場上有好的執法表現，另一半的支持也格外重要，我太太很清楚這一點，不僅願意配合做我最大的後盾，也時常擔任其他組員和太太之間的溝通橋樑。

02

另一半的支持，與其背後的犧牲與付出

「成功的男人背後都有個偉大的女人。」要把裁判這個工作做好，**另一半的支持**是最大的力量，今天我能在這個領域受到肯定，老婆扮演著最重要的角色。

我和老婆結婚第二年，我就進了職棒當裁判，新婚小倆口的日子沒享受多久，就開始了接下來近三十年聚少離多的生活，當初是她支持我從事這個工作，後來的日子裡，她也百分之百的當我最可靠的後盾。

當裁判要犧牲的事情很多，但絕對不及老婆對我的付出，這些年來她即使吞了再多苦衷和委屈，都沒說過「早知道就不要叫你去考裁判」這樣的氣話。沒有自怨自艾的時候是不可能的，但她會自己快速地把情緒消化，繼續帶我給正能量。

我老婆常說自己是奇葩，她也確實是，我想就是她如此的特別，跟我的個性剛剛好互補。她總跟我說，我倆都要感謝老天爺，「老天爺給你很好的體格、個性又剛正不阿，去當裁判最適合不過；老天爺給我的則是一份很細膩的個性，儘管有時大辣辣的，卻也可以很安靜、很能獨樂樂。」

裁判是個需要習慣孤獨的職業，裁判的另一半也是，我長年因工作出差在外，老婆獨自顧家，加上她個性低調，也沒讓太多人知道我的職業，曾經有鄰居看她出門打扮得漂漂亮亮又帶個小孩，卻從未看過老公一起現身，問她是不是被包養？

我聽得心裡當然很不是滋味，老婆倒是沒生氣，孩子漸漸大了之後，她也慢慢能享受獨自一人不受牽絆的生活，我不在家的時間，她會去做點自己喜歡做的事，去遛狗、去游泳、騎腳踏車，或是去看看風景，有自己獨處的時光，也給我很大的空間。

以前出差的日子裡，看過很多因為另一半「查勤」而造成的衝突，有時候裁判在開會、在訓練，老婆找不到人就心生猜忌，還有遇過同房學弟半夜B.B.Call響個不停，熟睡中都被老婆的奪命連環Call給吵醒。

這些狀況從不會發生在我身上。我出差很少接到老婆的電話，她一來是不想打擾我，還怕打來時我正好在開車，避免發生危險，她也不需要我每天打電話回家，從不追蹤我的行蹤，只希望我能好好休息，有什麼話留到見面了再說，但我還是每天都會打電話給她，一五一十地向她報備。

剛入行那幾年我曾問過她，「同事的老婆打個一、兩通電話沒接到，老婆就到飯店罵人，妳怎麼不太打電話給我，也從來不會罵我不接電話？」她就回我一句：「我相信你啊！」

老婆不只是相信我，還總笑說自己魅力無窮，「天底下沒幾個女人像我

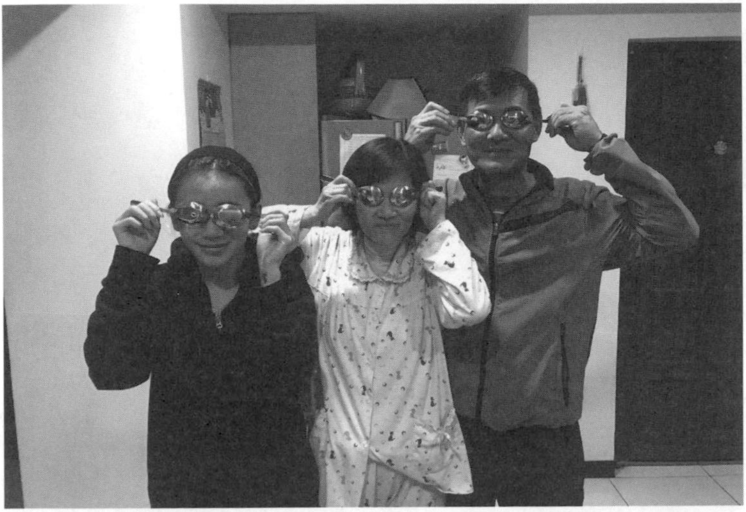

2019 年居家生活耍寶。

2020 年全家人（包括寵物）一起祝我生日快樂。

這麼有趣！」這倒是，我無論在生活上、工作上都非常地依賴她。她是我的牽手，更是我的心靈導師，沒有她的陪伴，我不會走上裁判這條路，更沒辦法撐過這三十年。

對於我的工作，老婆希望我全力以赴，其他的事情則是愈簡單愈好，她的生活也配合著我盡可能地單純化，做到什麼程度？很多人可能難以想像。只要是我站主審的比賽，老婆就會把自己的手機關機，只留一支親人和兒子能緊急聯絡用的專線，還會把家裡的電話線全都拔掉，就是避免帶給我任何困擾。她不希望有親朋好友打來，不管是問我站哪一場，或是託我買票等等，就算因此招來親戚抱怨、被閨蜜說不入流，她也沒多做解釋。

我當裁判初期，難免有些長輩會來問說，他的誰誰想看棒球、想看總冠軍賽哪一場，託老婆問我能不能幫忙買票，但這些訊息從來沒傳到我這裡，老婆那一關就替我擋掉了。她連自己去看球都是親自排隊、花錢買票進場，遇到親友的請託，當然恕難從命。

老婆會這麼做除了是避免製造麻煩，避嫌也是身為裁判和周遭人士都必須做到的一環，總有那些狀況外的人會隨口提起一些不該說的話。曾經就有親戚在電話中開玩笑地說，「幹嘛當裁判當得那麼累，不會像那些球員搞一次拿個兩千萬就當有錢人了！」老婆一聽到當下就立刻表明要掛電話，下次當面見到時，再劈頭罵他一頓，畢竟這可不是能拿來對裁判開玩笑的話。

為了我的工作，全家的作息、社交活動也因為我而有所限制，我在工作上有一些自己的原則，尤其站主審當天，什麼時間該做什麼事情，都要按照著既定的規畫走，而且從前一晚就開始做準備。

站主審必須讓自己保持最佳狀態，**睡飽**也是首要條件，若是當晚在北部的比賽，我習慣下午先在家睡個覺再去上班，一開始曾經因為家人太吵而動怒，後來老婆就盡量把那段時間全都空下來，給我一個安靜的休息環境。

有時站主審前一天家裡來了客人，或是安排了一些家庭聚會，在他們還不熟悉我的作息時，我曾經時間一到就開始趕客人，說起來好像有點「霸道」、不近人情，但為了工作，我還是必須維持自己的調整方式，而這些地方老婆幾乎是完完全全配合我。

老婆對我所做的付出，還連我的父母一併妥貼照顧，這點也讓我非常感動，在我爸爸、媽媽住院期間，我因為工作無法脫身，她都代替我南下照顧，孝順我父母這方面甚至做得比我好，可能也沒有幾個人能做得到，對於她，我真的是只有滿滿感謝。

2019 年春節回故鄉屏東與家人大合照。

球季結束與家人一同前往木柵動物園看貓熊。

03

老婆的肯定，勝過任何人的千言萬語

我的判官生涯裡，老婆不僅做為我最有力的後盾，更是我工作上不可或缺的人物，她和我「愛下指導棋」的個性截然不同，十分善於觀察，而且非常樂觀，遇到什麼事我都想和她分享，她也總能對症下藥地給出好建議。

老婆本身就是棒球迷，在我成為職棒裁判之後她更瘋狂，幾乎每一場我執法的比賽，她都會待在家鎖定轉播，甚至早年民生報還有場場刊出攻守和裁判名單時，偷偷蒐集每一場我執法的比賽剪報，並集結成冊，一直做到二○○六年民生報停刊才中斷。

老婆不單單只是看比賽，我在比賽中執法若是有哪個動作不好、表情不夠有自信、處理場上狀況時的儀態看起來太草率或不夠專業等等，她都會替我注意並紀錄下來，賽後再給我建議。三十年來都是如此，詢問她的意見也已經變成我每場賽後的例行公事。

對於一些裁判的專業領域，像是移補位是否正確、抗議的處理方式等等，老婆當然算外行，她注意的主要都是裁判在場上的眼神、態度，當下表現出的是自信、落寞、不知所措，還是理虧？而且她觀察的不光光只是我，其他同仁的表現也會一起留意，再請我去提醒，協助我們校正。

這對我的工作來說非常重要，這些小細節其實不管是同事、長官，一般人都不會特別講，只有老婆會一直提點我，讓我有機會修正自己。

她最常說的就是要我保持微笑，當主審時戴著面罩是看不到，但站壘審的時候，有時表情被轉播畫面拍到，老婆都會說「到底是誰欠你錢，臉怎麼臭成這樣？」自己再去看重播時也這麼認為，而且若是帶著愉快的心情執法，表現還真的有差，節奏明顯配合得比較好。

直到現在，只要站完主審的比賽，我還是一定問老婆「我今天站得怎麼樣？」有時候她也會被我問得很煩，忍不住反問我「你都這麼資深了，還這麼在乎我的意見？」

從我當裁判到現在，老婆的想法早已是我工作中十分重要的一環，也是長年累積下來的習慣，有時她一句提醒、一個肯定，對我來說比任何人的說法都還重要；而當我情緒低落、因為誤判影響心情時，她的適時安慰和鼓勵，也勝過其他人的千言萬語。

在工作上，我很在意自己的表現和別人對我的評價，雖然外表看起來很剛強，但內心脆弱的那一面，只有老婆最清楚；她的個性則正好相反，直率又樂觀，她不大在意別人給她貼的標籤，只是千萬別讓她忍無可忍，年輕時有次跟她在西門町約會，看她罵過一個黃牛，可把我嚇死了。

老婆大辣辣的個性之下，其實內心很細膩，總能適時給出我最需要的東

聯盟特製海報板，例行賽 3000 場紀錄，與驚喜前來的老婆與當時聯盟秘書長馮勝賢合影。

手握簽名球居家生活照。

西。他知道我在心情不好時，什麼安慰的話我都聽不進去，因此都能使出很另類的方式來對付我。

我非常在意執法上出現的失誤，她就曾問我，「賣雞肉的攤販有沒有可能在剁雞腿時剁到自己的手？」「再貴的腳踏車天天騎有沒有可能有輪子滑脫的一天？」答案都是肯定的，她就以此告訴我，這些都是正常現象，要去接受它，日子才有辦法走下去，「機器、電腦都會當機了，何況是人、是肉眼做出的判斷。」

也有時候，比完賽我臭臉回到家，都還沒開口，她就拿出個臉盆來給我，跟我說「我都知道了你不用講了，悶在心裡太抑鬱，你就不用憋著，回到家沒人看得到，你就哭吧。你永遠是我的英雄，你哭了我不會笑你，不哭才是怪人。」這是她替我調節心情的方式，另類卻也很窩心。

我想就是她這樣的「獨特」，讓我們正好能互補，老婆總說我的個性和思維就跟棒球沒兩樣，硬梆梆的，而又臭又硬的球打到人會很痛，但軟軟的海綿就傷不了人，因此她就跟我說，「你已經很像棒球了，所以我就當那個海綿老婆吧。」

當她的老公說起來真的不會無聊，唯獨大概就是心臟要夠硬，偶爾我也忍不住會用「怪胎」、「瘋子」來形容她，小從一句話，大到搬家這種重大決定，她都能不斷給我「驚喜」。

十多年前，她在林口長庚醫院動了頸椎手術，為了後續的復健方便，加上她喜歡接近大自然的地方，我們雖然討論好要搬到林口，但她在開刀期間，十二小時內就把我們原本在新莊的「起家厝」賣了，而我那天從臺中出差回來才知道……（笑）。

04 三十年來成就裁判，卻也錯過了兒子的成長

三十年來我因為裁判這個工作，在職棒這個領域獲得了一些肯定、迎來一些聲望，但因為全心投入在其中，錯過的家庭時光實在太多、太多，之於兒子的成長階段更幾乎是一片空白，內心對家人充滿歉疚。

兒子在職棒三年出生，那時我已經在一軍固定執法，隨著賽事到處跑，幾乎是老婆一人獨自把他帶大的，老婆怕我擔心總是報喜不報憂，一直到這幾年北部賽事場次增加，我待在家的機會變多了，才有時間慢慢聽老婆講起那些往事。

早期一趟出差時間都很長，交通移動不像現在那麼方便，最長大概有過一個月沒到家，那時兒子還很小，我回到家他已經睡了，他起床後就到幼稚

園，放學回家時我又已經出門工作了，見面的時間真的很短暫。

還記得職棒六年我被派到美國受訓回來，兒子那時才兩歲多，有天半夜起床上廁所突然把媽媽搖醒，那時候剛學會講話，也講不太清楚地問說，「媽媽旁邊為什麼有個怪叔叔？」老婆聽了也覺得很誇張，怎麼連爸爸都不記得了？

還有一個老婆常拿來當笑話講的實例，平常都是她接兒子放學，有一次太忙所以請我去，但我到了教室卻找不到兒子，那年代還是用 B.B.Call，我就急忙 Call 老婆，等她回電話後我才知道，原來兒子已經升上國小三年級了，我卻還去他二年級的教室接人。

這些事其實我早就不記得了，都是後來才聽老婆提起的，她認為我已經把所有的精力都用在球場和工作上，分身乏術，所以家裡的事也都盡量不讓我操心，「你既然那麼熱愛棒球，而且當時是我支持你的，我就沒有理由扯你後腿，我會把能解決的事情盡量解決掉。」

兒子在成長過程中，在青少年階段曾經有過一段非常叛逆的時期，翹課、打架、做過一些可能沒幾個人能想得到的行為，老婆怕影響我，都自己去學校處理，因而那些過程我渾然不知，直到這幾年兒子回歸正途之後，他們母子倆才陸陸續續把那些的「故事」說給我聽，讓我大驚失色。

我的個性比較直率，有時候老婆跟我講什麼，我也聽不太懂，就跟她雞同鴨講，出差期間她通常不會拿家裡的事打擾我；出差回來後，早期因為是坐客運移動，從南部比完賽回到家都已經是半夜，她也不想再耽誤我休息的時間。

久而久之，她就乾脆很多事都不讓我知道，自己面對、自己解決，她也曾說，怕把兒子的事跟我講了之後，父子倆反而起更大的爭執，我回家後不僅幫不上忙，還愈幫愈忙，現在再想起來，真的是有點心酸。

小孩身體不適，陪同到長庚醫院掛急診。

前幾年我曾經因為兒子的事情跟老婆吵得很兇，我每次都怪罪她沒把兒子教好，回到家看不慣兒子的作息也是劈頭就直接罵，沒去多想過程是怎麼一回事，這些舉動當然讓這麼多年來獨自承擔的老婆很生氣。

後來相處的時間變多了，老婆才教我，對兒子要用**鼓勵的方式**，只要把親情維持住，總有一天能把他拉回正途，確實，之後我和兒子的關係、和家人的關係也慢慢地改善了很多。

我就這麼一個小孩，曾經我也很不能接受他高中畢業後就沒繼續升學的決定，我跟他說「不讀大學，你要找什麼好工作？」我很擔心他未來的發展，也對此感到很沮喪，但老婆用另一種觀點告訴我，「我們的兒子很棒，他只是不愛讀書，也不是讀書的料，但他在某些方面的天份優於其他人。」

現在兒子三十歲了，他很有自己的想法、很懂事，也有自己的一片天，我才很認同老婆當初那番話，這一點我也真的很感謝她，把孩子教得很好，就像她曾經很臭屁地跟我說，「你老婆我，本身就是個奇葩，怎麼可能會把孩子教壞呢？」

因為裁判這個工作而失去的親情，一直是我心中最遺憾的部分，在家庭關係裡，我常認為自己是一個失職的父親，這幾年和老婆講起那些往事時，我都會忍不住講到掉眼淚，錯過兒子成長這件事，對他和對老婆都有太多虧欠。然而，失之東隅，收之桑榆，我畢生的成就在另一端發光發熱，卻必須付出如此代價和遺憾得來，這就是人生。

PART 5

【貢獻】：裁判環境的過去現在與我的未來

如果人生還有
下輩子，
我不會再選擇
當裁判。

——裁判人生獨白

01

裁判的制度變化及薪情轉折

要提升裁判的執法品質，其實要從制度面做起，但這個行業的薪水長久以來都是被忽視的一塊，從職棒草創開始，裁判因為給薪方式衍生出不少問題，而後一步一步地做調整，從前我們走過的路、吃過的虧，就當作是「**前人種樹後人乘涼**」，希望能因此讓臺灣的運動產業愈來愈強大。

早期中職裁判不像現在是一年一聘，新人剛進來就領月薪四萬五，在當時算是很不錯的待遇，後來因應聯盟制度的變化，有一、二軍的分別後，陸續把裁判月薪調降到四萬、三萬，等到有能力站主審時，月薪再調整為五萬五，還訂出一、二軍裁判的差別，之後每年依月薪級距來調薪。

但領固定薪水的缺點，就是不少裁判對這份工作沒有太多的責任感和危機意識，只要出了點小毛病，可能是身體稍微有點不舒服，或是比賽中受了點小傷，就讓別人代替自己執法，反正薪水還是照領。

早期這樣的學長可不少，畢竟領的是死薪水，讓他們常有「反正我就不站」的心態，不會要求自己的生活作息，也不好好管理自己的健康狀況。在那個裁判還沒有晚點名的年代，三更半夜才回到飯店的裁判大有人在，甚至有的是前一晚喝到醉茫茫，隔天執法時身上還飄散著酒味，這種狀況真的不是只發生在球員身上。

為了改善裁判執法水準，聯盟曾在二〇〇四年季後大動作進行改革，把當時在職的十三名裁判全部資遣，重新招考。在那之後，裁判都改成一年一聘，希望藉此建立裁判執法更積極、更專業的權威感，也從那次起實施將執法不佳的裁判降二軍的制度。

現役裁判全數被資遣、年資全部歸零，對我們來說當然是一大衝擊，當

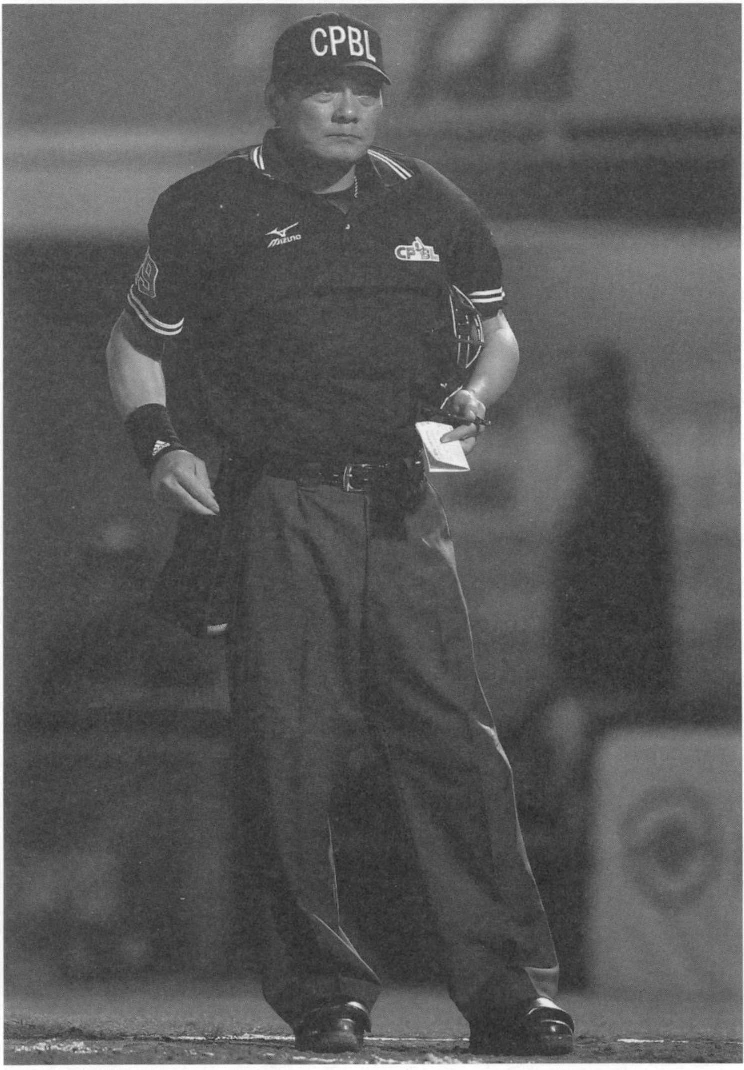

總冠軍賽執法第 100 場。

時裁判組內出現兩派聲音，有部分的同仁同意聯盟的這個做法，這想法是比較短視，抱持著「反正先把資遣費拿到手再說」的心態；我則是屬於另一派，當然是投反對票！

依我當時十三年的年資，雖然能領到的資遣費不少，但未來還能做多久都不知道，每天都要擔心自己還有沒有工作，況且這職業這麼辛苦，就算重整，至少也該給個退休基金吧？怎麼就不發了呢！當然每個人的看法和需求不一樣，我也無法影響聯盟的決策，只能摸摸鼻子接受。

在舊制度之下，裁判被列在聯盟的編制內，領整年的薪水，季後也要進公司，看在僅球季期間有收入的國外裁判眼裡可說十分「特別」，我們就曾經被笑過，「你們裁判室這麼大啊?! 球季結束還要進去上班?!」

這模式我自己是滿適應的，畢竟裁判上班也不會被要求辦公，下午還能去練練球，有空也會安排一些訓練課程。制度改變之後，整年就只領球季期間八個月的薪水，好處是季後的時間比較自由，即使聯盟允許裁判在季後這段時間去做其他工作，但你說誰敢去？敢去開計程車嗎？別笑死人了。後來因為季後辦了冬季聯盟，裁判要維持生計是沒什麼問題。

改成一年一聘制之後，裁判的敘薪方式有很大的改變，最初的做法是每個月的基本底薪調降，每場執法的費用提高，那時裁判一週執法三場，通常是一場主審、三場壘審，而站一場主審的費用是一萬二，壘審一場六千，但對裁判的執法品質來說，還是有利有弊。

在當時的制度之下，只要少站一場就少領一點，要是因傷休了一個禮拜就少領三萬，差得可多了。因此為了賺那些錢，裁判必須要求自己，除了加強自己站裁判的表現和技術，也要好好照顧身體，上健身房、跑步，維持好的體能狀況。

這個制度的出發點不錯，但後來衍生出的問題是，難免會有人為了賺錢，狀況不好還是堅持下場站，有時候是受傷，有時候感冒整個人昏沉沉的，有時可能情緒受家庭、外在事物影響，你說這樣下去執法的品質、專注度會好嗎？顯然是不會，但站了就多六千元是你要不要賺？那是肯定的嘛。

當時裁判底薪只有九千元，少站一場就差很多，大家怎麼敢輕易放棄？傷勢再嚴重也會硬撐，家裡有事也會隱瞞，因此導致執法品質下滑。

就因為這樣，後來裁判的薪資又做了調整，底薪提高不少，出場費則改成象徵性的給，主審四千多、壘審兩千多，這樣一來，裁判要是身體不舒服就休息、家裡有事就請假處理，一組裁判有五個人負責一場比賽，包括一名預備裁判可以調配人力，這方式後來一直沿用到現在。

在過去制度還不夠健全的環境之下，曾經造就裁判年薪百萬的光景，主要是因為當時裁判有斷層，照理來說，能到一軍執法的裁判，主審、一、二、三壘審都要能輪著站，但那時剛培訓上來的新人能力還不足，只能擔任二、

2021 年總冠軍賽，Play Ball 前裁判互相加油打氣，希望比賽執法順利圓滿。

2016 年裁判甄選，考試官合影。

三壘審，資深裁判就必須負擔更多執法工作，一週甚至會站到兩場主審、兩場一壘審，薪資落差就很大。

那時候我們這種比較有經驗的裁判，球季期間就有可能一個月領到十六、十七萬，再加上總冠軍賽、明星賽和季後的一些國際賽，算起來年薪都破百萬，但現在看來都算是「特例」，在裁判體制正常化之後，現在年薪最多就接近九十萬而已。

相較於一般人的工作來說，裁判的薪資待遇算是高於平均值，但相對要付出的時間、勞力以及要承受的壓力都高出不少。但若是以相同產業來說，國內裁判的待遇自然無法和國外職棒相比，我們光是球員的薪資結構就和人家差多了，何況是裁判，但現階段臺灣的市場就是如此，這沒辦法。

我算是比較幸運，在這個工作做到第十五年時（二〇一六），當時擔任中職秘書長的朱康震把我拉上裁判長的位置，讓我從黑教練手中接棒，我想他可能看我在這領域待了這麼久，因此也把我納入聯盟的體制之內，為後續的裁判養成工作做準備，現在裁判組就只有我和黑教練屬於聯盟編制下的全職員工。

被納入編制內最大的不同當然是工作比較有保障，不再像過去，每到季後就要擔心是不是會失業，但底薪變得比一般的裁判來得少，球季結束也要進公司處理很多繁雜的公事，只能說這就是人生中的一個歷練，在不同階段、不同職位，亦會有不同的任務和感受。

02

計劃為裁判制度做的事

從零開始了接觸裁判這職業，我從來沒想過自己能在工作「活」多久，到過了三十年後今天，我還沒「陣亡」，並且獲得了不少人的肯定，如今年過半百，到了該退休的時候，我就常常在想，自己這麼多年來的經驗，能留下些什麼？

會踏入這一行，最初除了是興趣驅使，坦白說也有一部分是被它的收入所吸引，那時我一個素人成為職棒裁判，才沒想過什麼社會責任，每年只求能保住工作，**別被淘汰**，「啊，我今年沒有被淘汰耶！」、「誒，你也沒被淘汰！」是每年裁判組同事間都會出現的對話。

這條路上來來去去的人不少，跟我同梯入行的三個人之中，只剩我還留

香港亞洲裁判訓練營，講師宣告界內球之示範。

2014 年中職裁判受邀至香港，擔任亞洲裁判訓練營講師。

在這個圈子，就這麼一年挺過一年，從菜鳥當到中生代，再接下主管職，我才開始會思考，自己在這位子的責任是什麼？除了組內行政事務之外，我還能做什麼？

過去黑教練擔任裁判長時就對我充分地信任，也因為他主管的工作很繁雜，後來逐漸把一些文書工作、判例解釋等教材方面的東西交給我來整理，我因此比其他裁判多了一份責任，增加了不少工作量，但對我的幫助也不小。

還記得有一次農曆過年，黑教練突然就丟了一個**任務**給我，要我出一百題的規則考題，題目不能重複、不要考古題，還要是常發生、少見並運用特別規則的案例，並寫出答案。

別人都在過年，我就一直埋首在做這件事，除了去看各種案例，還要鑽研每條規則，寫完之後再三檢查答案是否正確。更辛苦的是，那時候公司也沒發電腦給我，那一百題都是我用自己的 ipad 一個字一個字手寫而來的。

當然這些辛苦背後都有收穫，那個過程讓我再把規則複習了一遍，加深自己的觀念，尤其用手寫的方式，在腦中留下印象也比打字更深刻。

我想是經過那一段，自己對於棒球規則算是比同事們來得強一點，加上自己對教學這方面也有興趣，因此獲得主管的信任，之後聯盟陸陸續續辦理的**裁判訓練**，或是有裁判教材需求，這些工作就自然而然落到我身上，其實想投入棒球裁判這領域的人很多，國內卻缺乏有系統的訓練課程，我畢竟是從零開始一點一滴累積經驗，後來也曾經到美國裁判學校受訓，一路以來的所見所聞，都讓我更希望能帶頭替這領域做點什麼，講使命感可能有點太狗腿，但心中確實一直有在構思這些事。

我第一件想做的就是整理一本教材，讓大家學習怎麼成為一名棒球裁判，書名就叫**《裁判入門》**。這不只是我自己想做而已，同事們對於這想法也給予正面迴響，大家多年累積下來的經驗，確實有足夠的能力來做這件事情。

依我的構想，希望由我們裁判組共同來完成這本教材，讓它成為日後裁判養成的教科書，出版所得歸裁判組所有，未來若是要送裁判到裁判學校進修，就從這比公積金來負擔所需費用。

我的想法很單純，希望在退休之後，還能替這環境做點有意義的事，不是想透過出書來賺錢，而是認為自己能力夠了，也有社會責任在，希望用這樣的方式為更多人服務，同時替裁判組籌募培訓基金。

另一個更遠大的藍圖，則是希望能在臺灣成立**裁判學校**。我自己曾經兩度到美國裁判學校受訓，接受他們一套很有系統的裁判教育，受益良多，這方面我也希望臺灣能跟上美日韓的腳步，讓有興趣從事裁判這個行業的人能循一條正規的道路接受訓練，並透過建立起人才庫，再從中挑出優秀人才。

於台中洲際球場裁判室，賽前為學弟擔任主審互相加油打氣。

2016 年裁判春訓於臺南球場，訓練好球帶之判定。

以大聯盟來說，想進入美職體系執法的裁判，必須先到裁判學校參與五周的基礎訓練，通過篩選後的學員，將被推薦至小聯盟擔任執法工作，從最低階的新人聯盟站起，接著逐步升上1A、2A、3A，一關闖過一關，經過積年累月的磨鍊和執法經驗後，才有機會進入大聯盟裁判的候選名單，但想擠進在幾乎不流動的大聯盟裁判組，又是難上加難的考驗和等待。

我大約在十年前就有成立裁判學校的構想，也和幾個人著手寫起計畫書，只是這想法畢竟還是要和聯盟結合來推動，才能提供最好的資源，讓這機構發揮出最大的效益，但我當時我向聯盟提出這樣的建議，卻沒被採納。

前幾年球員出身的「老邦」馮勝賢，接任中華職棒秘書長之後，我也跟他聊過這想法，他是贊成的。聯盟就在前兩年和國立體育大學合作舉辦**裁判訓練營**，先從這樣開始推動，但目前也還沒有下一步進展。

臺灣裁判市場畢竟沒有那麼大，先和體育大學合作其實是個不錯的起步

2016 年受邀新竹明新科技大學，專題演講座談會。

2017 年受邀國立林口體育大學，專題演講座談會。

方式，以國體來說，他們有自己的甲組棒球隊，球員是透過棒球專長考進去，在學校也就讀體育專業科系，但不是每個人的未來都只有打球這條路，有些選手可能因為受傷無法繼續當運動員，或是有不同的生涯規畫，那當裁判就能成為他們的另一個選項。

加上球隊自己常辦友誼賽，校內棒球場也會舉辦一些業餘賽事，都會有裁判的需求，如果裁判學校能和校方合作，就能從這個單位裡派出已接受過訓練的學生下去站裁判，**納入培訓計畫**的一部分，一方面讓他們透過實戰來累積執法經驗，並由我們來掌握他們的執法狀況並進行指導，同時也能分擔賽事所需的裁判人手。

從第一線退下來之後，我想就能開始著手實現這些想法，趁著自己有能力也有那麼一點影響力的時候，希望可以替裁判這個圈子多做點什麼，為後輩留下更優質的環境，只有大環境愈來愈好，才有立場讓裁判去爭取更好的待遇。

2017 年聯盟舉辦小小兵棒球裁判訓練營，指導如何判好球及三振手勢。

03

臉書社團創立初衷與背後故事

裁判因工作性質不容易親近，與外界的距離拉遠了，許多對於想了解判決、討論規則的人，卻沒管道獲得解答，把自己所學和大家分享，讓更多人能獲得正確的觀念，這是我一直想做、也持續在做的事。

過去聯盟曾在官方留言板上成立棒球教室，由裁判組來替球迷解答判決相關問題，黑教練交付給我負責，我也就找一些判決案例放上去討論、說明。

沒想到推出之後不僅不活絡，還讓這空間變成球迷謾罵、發洩的平臺，留言甚至涉及人身攻擊、指涉裁判收錢等等，話都寫得很難聽。聯盟的當初的美意完全走樣，還被揶揄是開了個官方留言板讓球迷來「公幹」裁判以及聯盟大小事，後來當然是以關版收場。

2017 年聯盟舉辦裁判講習會，特邀日職裁判協助授課，與會長秘書長合影。

2017 年聯盟特別舉辦台、日、韓職棒裁判研討會，三國裁判長與會長合照。

少了這個討論平臺，那些真的想了解規則和判決的人，只能打電話到聯盟詢問，這方面我很樂意解答，只是這也不是祕密，比起一對一的說明，只有一個人知道，如果是大家都想了解的事，公開分享、讓大家都能一起學習不是很好嗎？

之後我因為參與了**裁判訓練營**，接觸來自全臺各地的業餘裁判，才發現他們對這個工作很有熱情，但欠缺的觀念竟然這麼多，在當時網路還沒那麼發達的年代，只能互留電話，讓他們能詢問一些判決問題。

那時碰上臉書設置社團的功能，就有不少業餘裁判希望幫我開一個討論的空間，讓大家有機會發問，當時我的想法很簡單，如果自己的專業能幫助其他有興趣的人，何嘗不可？自己對此也有興趣，因此我和當時擔任裁判組組長的黑教練報備後，就讓這個社團成立了。

最初社團不是用「蘇老師」的名義，也不是我在管理，但實際在回應的

2002 年聯盟回饋業餘裁判，舉行裁判訓練營。

2012 年聯盟除回饋業餘裁判外，另有來自香港、新加坡學員參加訓練營。

主要是我，我會把規則想像成場上會發生的狀況，並用文字描述出來，開放大家討論，初期投入了很多時間和精神，每天睡前都會上去看、每則提問都回，常常一坐下來就弄到三經半夜。

我想大概是一種責任感驅使吧，也覺得自己做這份工作有一份社會責任在，只要我有回應，就會有人來看，我也希望能趕快把正確的資訊傳達給別人、讓不懂的人搞清楚，進而把紛爭降到最低。

這個社團成立的目的在於討論、學習，但剛成立時還是會有球迷來開罵，但有管理員維持秩序，我也時不時就需要出面當公親，再次宣導這個社團的意義，久了大家就愈來愈理性。

我心裡認為，這個社團的成立是美事一樁，但過程中其實也曾引來老婆、聯盟的不諒解。當初我實在是太投入在這件事上，老婆看我每天下班後就一直坐在電腦前回覆訊息，無法理解我為什麼要為了這些素昧平生的人如此費心，有好一陣子我真的是被她電得很慘。

有時判決在網路上引發熱議，會有人轉發我在社團上所做的解釋，我一開始沒多想，甚至認為自己似乎在這件事上盡了一份心力，卻沒考量到聯盟的想法，站在公司的角度，認為我這是擅自代表聯盟發言，當高層得知此事，我因此被修理了一頓。

在那之後，我一度把臉書帳號停用，想休息一下，管理員發現後馬上來關心，我才知道社團裡的解答和過往資料都會因此消失，於是又把帳號恢復，但之後也改變了自己在這社團裡的角色，不再投入那麼多的時間和心力。

這個社團從二〇一二年成立至今，名稱一直到四年前才改成「**蘇老師棒球裁判實務及規則教室**」，但我還是一直強調，這個空間是屬於大家的，我只是拋磚引玉，讓大家有一個專業的討論平臺，隨著社團裡的人數增加，懂的人愈來愈多，他們都能替我代筆、回答其他人的提問，如果回答正確，我就按個讚來表示，既清楚也省事。

現在社團裡已經有超過近八千名成員，除了球迷、業餘裁判、教練，還有一些媒體、相關從業人員都在其中，除了討論判例之外，成員還會不時分享一些裁判相關資訊，甚至是裁判介紹、轉發相關新聞。

社團成立邁入第十個年頭，累積下來的支持者不少，除了管理員們很用心在經營及維護這個空間，二〇一八年我達成總冠軍賽執法一百場里程碑，成為中職史上第一人，社團裡就有一名熱心的女球迷主動提出說想幫我出紀念毛巾。

「妳做這個是要被拿去當抹布喔？」起先我認為這一定賣不出去，但她提出將毛巾結合公益，獲得不錯的迴響。我想想後決定自掏腰包來製作，她也無酬替我設計，印上我在十二強賽執法的肖像，還附簽名卡，最後做了一百多條全部賣光。

毛巾銷售的所得，就拿來贊助我家鄉的球隊屏東高中，剛好我們裁判組的學弟尤志欽是屏中畢業，他替我接洽之餘還加碼六千元，總共兩萬五的經費，買了快二十支球棒，在春訓時由我們親自送去球隊，那種能集合大家的力量一起付出的感覺，真的是很快樂、很感動的事，對社團裡那些對棒球充滿熱忱的熱心人士也實在覺得「足感心，感謝」。

04

如果人生還有下輩子，我不會再選擇當裁判

我的一生就這麼一次，把最精華的三十年都奉獻給了中職、給了裁判這個工作，這一路說起來真的很辛苦，而且非常具有挑戰性，體驗過就夠了，再給我一次機會的話，下輩子，我一定不會再走上這條路，想經歷看看不同的人生。

裁判實在是個吃力不討好的工作，在高壓、高受傷風險的環境下工作，在投手投球到捕手手套時速150 km的球只有**0.4秒的判斷**，以至於在場上所做的每個裁決，都在分秒之間，手勢一下，判決是對是錯，就是一翻兩瞪眼，除了要面對球隊的質疑、球迷的輿論，甚至是長官的誤解，常常有孤立無援的感覺。

主審上場身影。

下了場後還要面對生活上大大小小的壓力，因為選了這工作，投入在其中的時間和精神，必定會犧牲掉家庭及許多一般人該有的生活品質，畢竟中職的裁判編制小，沒有像國外能輪調、休假的空間，更沒有心理輔導的安排，這些辛苦都要自己承受、消化。

長年累積下來的的大小傷勢，是裁判無法避免的職業傷害，每天在球場上跑動，扭傷、拉傷、皮肉痛是少不了的，一不小心還可能因此影響裁判的執法生涯。

挨球吻更是家常便飯，常常在比賽中被球打到，簡單治療一下就繼續忍著痛站完整場，賽後受傷處用冰塊包了很一大捆，一跛一跛地回到家，老婆看到也傻眼。這只能靠裝備不斷更新來盡量避免，但球不長眼，難免還是會打中沒有被護具保護的地方，像黑教練就是在執法時被球打斷鎖骨，才從第一線退下來。

站主審相對又更辛苦一些，背著整身護具，在平均三個半小時的比賽中重複地蹲、站，還要急跑急停，腹背肌和雙腿的肌力都要很強，就算賽前的熱身都已做足，長期的蹲姿還是造成不少脊椎問題，嚴重一點的話，也有裁判因為膝關節鈣化，換了一個人工關節繼續站。

至於我嘛，除了脊椎骨刺之外，有次賽前還沒熱身就當跑者幫學弟練一壘站位，結果一步加速不慎造成左小腿肌腱撕裂傷，痛了一個月，還讓這傷勢一直跟著我，兩條腿的粗細明顯不同，到現在都還要時常去做復健。

這個工作講起來這麼苦，你說我有沒有曾經想過放棄？當然！這是一定的，曾經有好幾次冒出過這樣的念頭，想說就不做了，但因為心中總還有一絲絲**熱情**在，鼻子摸一摸，還是咬緊牙根撐下去。

當裁判的苦，不只自己苦，還會連帶讓家人也過得辛苦，但即使我再低潮時的想法再負面，或是跟老婆吵得再激烈，她從沒說過「早知道就不要叫你去考裁判」這樣的氣話，只告訴我，要是真的不想做，就別做了，再找其他工作就好，**「你若有才，何患未來？」**看好我即使投入其他領域，依舊能有不錯的發展。

一直以來，會讓我心生放棄的想法，其實都不是執法犯錯的時候，畢竟那些都只是過程，檢討、修正，再想辦法做得更好就好。遇到那些是非不分的批判，才是我在這工作最討厭的一環，自己明明做出了正確的判決、適當的決策，卻因為風向被帶著走，怎麼反倒變成是我的錯？

裁判當然能接受批評，但不該是盲目的謾罵，先了解來龍去脈、把事情都搞清楚了後再作出評論，只要講的有理我都接受，而不是讓有理的一方成為受害者。

除了執法技術，如何面對職場上立足，一些「眉眉角角」也讓我受了不少教訓。我的個性喜歡把事情單純化，當上主管之後也是如此，但有些事情

2017 年裁判甄選的考試評比。

卻不能按照自己想的方式去運作，很多環節都需要兼顧。

這三十年來最受挫的事，就是常常自認在做些對的事，卻被**潑冷水**，尤其在拉拔年輕人這方面受了不少教訓。好在我對執法、對於指導的熱情沒有因此被澆熄，反而因為那些挫折，激勵我更進茁壯，看待事情也會有更周全的想法。

就算一路上遇到不少阻礙，沒有讓我停下往前的腳步，從踏入職場起，我秉持著一個想法，不需要等別人告訴我該做什麼，我就先一步把事情做好，只要我認為是對的事，就慢慢地、一點一滴地去做，**你有在努力，一定有人看在眼裡**。

這些付出終究會為自己創造出更好的機會，在重要的時刻成為被需要的人，好比二〇〇九年總冠軍賽打了七戰，我就被站了三場主審，或是常在另一組人馬出狀況時，臨時調我去壓陣。

我後來想想，可能是我多年下來努力的成果，讓自己在這位置有一定的重要性，才會在關鍵時刻被重用，我也希望以這樣的例子來鼓勵後進，「先儲備好自己的能力，就不怕沒有被看見。」

裁判這工作真的很辛苦，但能有更多人投入裁判這個行業當然是好事，一起提升整體環境，我樂見其成，但光有熱情是不夠的，怎麼把這個工作做得好、做長久其實不容易。

我也依自己這三十年的經歷和體悟，整理出一張「**想做好裁判工作的自我剖析**」清單，讓對這一行有憧憬的有志之士在跨出那一步之前，先好好地檢視自己。

一、對棒球運動的興趣如何？	
⑴ 是否具有樂在工作的態度	☐ Yes / ☐ No
⑵ 是否具有不輕易放棄的韌性	☐ Yes / ☐ No
⑶ 是否具有常與家人分離的生活適應力	☐ Yes / ☐ No
二、檢視自己個性如何？	
⑴ 是否具有接受批評的胸襟	☐ Yes / ☐ No
⑵ 是否具有誤判後的抗壓力	☐ Yes / ☐ No
⑶ 是否具有不怯場的勇氣	☐ Yes / ☐ No
⑷ 是否具有不受利誘的正面能量	☐ Yes / ☐ No
三、審核自己學習能力態度如何？	
⑴ 是否有不恥下問的求知欲	☐ Yes / ☐ No
⑵ 是否有持之以恆不怕累的精神	☐ Yes / ☐ No
⑶ 是否有自動自發的約束能力	☐ Yes / ☐ No
四、測試自己體能負荷量？	
⑴ 是否有養成運動習慣	☐ Yes / ☐ No
⑵ 是否有運動細胞天份	☐ Yes / ☐ No
⑶ 身體協調性是否柔軟	☐ Yes / ☐ No
⑷ 是否有模仿表演能力	☐ Yes / ☐ No

2021 年 CPBL 中華職業棒球大聯盟
儲訓裁判甄選活動及參加辦法

一、需具備資格

(1) 具中華民國棒球協會 C 級棒球裁判證（含以上）。

(2) 大專院校（畢業）。

二、甄選條件

(1) 熱愛棒球，懷抱熱忱，挑戰自我，具強烈成就動機。

(2) 重視團隊合作與榮譽感，個性沉穩，融入團隊，可配合出差。

三、甄試項目

(1) 體適能測驗：（請著運動服裝）
衝刺：60 公尺 ×3 趟 / 續跑：天母球場 ×4 圈（1600 公尺長跑）
屈膝捲腹：60 秒 / 棒式：120 秒

(2) 基本手勢測驗：（請著運動服裝、攜帶個人裁判裝備（面罩、護擋、主審球袋等）
Safe/Out 手勢

(3) 狀況模擬測驗：（請著運動服裝、攜帶個人裁判裝備（面罩、護擋、主審球袋等）
主審好壞球判決 / 一壘 Safe/Out 判決
盜壘 Safe/Out 判決 / 外野回傳 Safe/Out 判決

(4) 筆試：棒球規則及 CPBL 裁判執法手冊規則補述。

(5) 面試。

其他報名資訊請參考中華職棒大聯盟官方網站（www.cpbl.com.tw）。
※ 資料來源：中華職棒大聯盟官方網站。

05 三十年的判官人生未完，下一個夢待續

當年我只是個二十九歲的年輕小伙子，走上一條從不在人生規畫中的判官之路，只秉持著「不要被淘汰」的信念，就這麼站過了三十個年頭，要到什麼時候喊停？我也思考了好多年。

入行的時候，我沒想過這個工作能做多久，一轉眼執法滿三十年、超過三千場，都成了**中職第一人**，什麼時候該退？一樣是一道沒有無從參考的習題，在我之前沒有學長的經驗可以依循，平均執法年齡為何？也沒有標準可以判斷。

從二十九歲站到五十八歲，準備退休的想法早在心中醞釀了一陣子，我在七年前接下裁判長的位置，被納入聯盟的編制之內，要處理的行政事務繁

重，加上自己擔任主管又要下場執法，一但出錯了，面子實在掛不住，因此當時就已萌生想退居幕後的念頭。

我不會戀棧這舞臺，只要執法品質下滑，該退的時候就會退，不會為了收入、特定成就或達成紀錄而佔著那個位置，這不是我的風格。

中職裁判的的編制，其實就是一個蘿蔔一個坑，有人退才有新人能上來一軍，所以一但我給自己的階段性規畫完成，就該適時放手，把機會讓給年輕人，之後全心投入二軍的教育工作，朝我下一個教學的目標前進。

我在二〇二〇年一度開始接手二軍的督導工作，但因為裁判組人手不足，還倚賴我在一軍執法，又碰上第五隊加入二軍，那年我過著每週二、三、四到南部協助二軍裁判養成，五、六、日再回到一軍執法的雙重任務。

我曾經在心中盤算過「二十九歲入行、裁判背號二十九、執法滿二十九年退休」的劇本，結束的時間點正是二〇二〇年的季後。原以為這可能是老天注定的安排，但人生不會總是照著規畫走。

要我就此為執法生涯做結尾其實也可以，只是聯盟還有需要我在一軍執法，我也自認狀況還維持得不錯，幾經思考過後，決定把原本的退休計畫往後延。去年聯盟聘請日籍技術委員佐藤純一來臺，也規畫負責裁判考核的人力，我就專心回歸一軍執法，在中職裁判的崗位上正式站滿三十年。

這三十年來我把自己奉獻給了裁判這個工作，隨著年紀漸長，考量了很多層面，總覺得「是時候了」。倒不是說體力無法負荷或執法水準下滑，想想我已經在這樣**高壓的工作型態**下過了大半的人生，真的可以了，希望能退下第一線，把機會讓給年輕人，多留點時間給家人。

這樣的想法，我在總冠軍賽結束後當面向秘書長楊清瓏說明，他雖然尊重我的想法，但無法認同我的說法，「你說『退下來給年輕人機會』，那也要看年輕人有沒有準備好？」至於和家人聚少離多，這是這份工作的必要

預備審於裁判室隨時注意場上比賽狀況。

性，既然過去三十年來都能適應，那也不是大問題。

秘書長這番話，沒有直接批准或駁回我想退休的請求，但也讓我又重新思考了一番。內心總還是有點拉扯，就算我自認狀況還在水準內，年紀大了，還是會懷疑自己「我還可以嗎？」這三十年來，我在這個工作上戰戰兢兢，萬一這時候沒把工作做好，那不是很糟糕？反而因此對不起自己裁判的身分。

年近六十，體能和反應會隨著年齡老化，一定不能和年輕時相比，但我自認都還在水準之內，技術、經驗方面就更不用說，比起年輕後輩還是領先一段不小的差距。剛好聯盟還有需要，而我也還有這樣的機會繼續站在球場，那好吧，我就認真地去做，把自己的價值發揮出來。

既然還要繼續站，就必須拿出我最好的一面，包括技術、體能、判決等等，各方面都要達到一定水準，且只要選擇繼續在場上執法，我就會和年輕人一樣按照正常輪值，別為了讓我達成什麼樣的紀錄而禮遇我。

老婆一直是最期待我能早點退休的人，在後輩、球迷都會說服我多站幾年的同時，她從多年前就開始「**勸退**」我。對她來說，只要我還在工作，夫妻倆幾乎沒有什麼假期能一起度過，球季中不用說，季後又碰上冬季聯盟、國際賽，一些裁判能休假的日子，我也因為是主管職要回公司開會等等。

她花了大半輩子成就我的判官人生，總希望能早點等到我卸下裁判身分的那天，能好好陪她、補償她，一起享受退休生活。

對於我想再站幾年的想法，她沒有表達贊成或不贊成，只告訴我，如果體能允許就繼續待吧，畢竟那些家庭生活和工作壓力的考量，這麼多年來都已經適應也熬過來了，接下來就是改掉一些壞習慣、維持身體狀況，克服那些我會懼怕的原因，「那就不要看手機啊」、「沒事不要滑臉書啊」，這是老婆給我的叮嚀。

如果說走上裁判這條路是我和老婆無意間築起的**第一個夢**，那退居幕後從事裁判教育的工作，會是接下來的**第二個夢**。這兩個夢可以說都是以我為主角，老婆陪著我去實踐。而我退休後的日子，主導權就完完全全交到她手上，她希望我能陪著她築起我們的**第三個夢**，彌補我這三十多年來對她的虧欠。

「小時後我們為了讀書、為了迎合父母的期待，長大後為了工作、為了養育下一代，該努力的都努力過了，到了這個年齡後，是該好好為了自己生活。」關於我們的第三個夢，老婆心中有個規畫很久的藍圖，等我退休、兒子結婚之後，就把房子賣了換兩間小套房，一間送給兒子和媳婦，我們兩個住另一間，再買輛露營車，趁著身體還硬朗時，一起開著車去遊山玩水、好好認識臺灣，才不虛此生。

聯盟賽前表揚 3000 場記錄影片大螢幕播放，眼眶濕濕地……

—後記—

三千里路汗與淚

一九九一那年二十九歲，工作選擇正處於人生十字路口上，在一個偶然機會及老婆鼓勵下，毅然報考參加中華職棒聯盟裁判甄選，在眾多競爭者中幸運被錄取，而開啟棒球裁判生涯之門。一九九二年3月19日—二〇一九年6月30日，累積一軍例行賽三千場的紀錄，受到聯盟表揚及自由時報記者羅志鵬專題報導，讓大家驚覺裁判也有執法場次紀錄的締造事蹟。

很多人好奇地問非棒球科班的我，是在什麼管道下踏入裁判領域工作，只能說是宿命及機運的安排。真的感謝中華職棒聯盟前秘書長洪騰勝先生，排除眾議接受日籍客座裁判柏木敏夫建議，大膽開放非棒球科班人士報考甄選，並感恩老婆明智之言的鼓勵之下，讓我有勇氣及機會挑戰成為聯盟執法裁判。達到三千場對我而言，僅是裁判工作領域的里程碑紀錄，它雖然辛苦、得來不易，但不是什麼豐功偉業，畢竟裁判不是比賽場上的主角。我以非棒球科班之人投入棒球圈，學習過程倍加辛苦，但秉持對棒球的興趣及熱情，毅然挑戰艱難的裁判工作。成長過程中特別感謝聯盟、球團、教練、球員、球迷共同組成的職棒比賽，才有裁判執法工作機會，因此三千場的紀錄，是屬於大家一起努力創造而成的。現在我很高興地說出：**我是棒球人，我愛棒球！**

初期對裁判工作並無任何的把握及承諾，到底能做幾年或站多少場次。內心只堅持著「不要被淘汰」的信念，支撐著往前衝的動力，在歲月流逝中一場接一場不斷累積。過程是非常的艱苦及無奈，套句臺灣俗話「有功無賞、打破要賠」，說明了裁判工作是吃力不討好的差事，無論自己如何精進本職學能，誤判的發生始終揮之不掉。當誤判發生遭受外界批評及責罵時，心理要如何的面對及振作，技術要如何的強化及精進，充滿著酸甜苦辣的過程。經歷職棒假球事件內心最為煎熬掙扎，衍生對人、事、物的真假新信任與懷疑問題。裁判工作需要長期出差，對家人老婆小孩之愧疚，在夜深人靜時回想，有時會懷疑自己選擇裁判工作的存在價值何在，幾次暗自擦拭著眼淚，告訴自己無論環境如何變化艱辛，依然要堅持對棒球的那份熱情。

裁判執法技術要取得大家的信任，不是馬上可以立竿見影，需要長期不斷的努力及付出，才能獲得大家的信賴。而權威的建立，則要和執法品質成正比，面對抗爭時千萬別拿雞毛當令箭，要避免抗議紛爭，則先提升本質學能技術。臺灣社會普遍缺乏對專業技術者的認知及體恤，瞭解不夠導致不理性的批評，尤其棒球比賽之裁判常是被批評的對象，再加上球迷偏重勝負之護主心態，容易在情緒下將誤判裁判汙名化。探討造成偏頗主因，歸因於球迷無機會及管道真正瞭解裁判工作存在的難題，任何裁判都不希望誤判而遭批評責罵。我從事裁判三十餘年來，深知且體會無論如何精進強化本職學能，仍無法完全杜絕誤判的發生，記得客座裁判藍普洛夫曾用一句幽默的英文「monkey on back」，描述誤判是永遠揮之不掉的事實。比賽瞬間要做出完全正確的判決，有時是超過人類感官極限，裁判不能以此理由找藉口來搪塞背後的批評與責罵而博取同情，更不應抱有皇后貞操不容懷疑而凸顯權威的高傲自居，這些心態會影響執法品質的提升，反而是抑制技術進步的最大阻力。記得第一次踏入聯盟辦公室，牆上寫著「**苦練決勝負、人品定優劣**」的座右銘，深深烙印腦海中，這些年一職不斷提醒自己必須要比別人更認真努力。在技術學習上秉持「研討請益」的習慣，虛心接受比自己更好更新的方法，才能做出比自己更好的判決。心理建設上則靠自己默默的消化負面情緒，哄騙式地鼓勵自己要保持「樂在工作」的熱忱，再苦再累再委屈都要勇敢堅持下去。

我知道裁判工作的品質，會隨年齡增長老化而降，有朝一日終要退出裁判工作，希望「大約會是在冬季」前，能發揮剩餘價值退居幕後，有機會將技術、經驗、無私地傳承教授，需要協助的後輩裁判。非常感謝城邦文化春光出版社，將我的裁判工作心路歷程編寫成冊，提供社會大眾更深入瞭解棒球裁判，盼能導正對裁判有所誤解的觀點，期盼情緒批評能轉化為理性建言及監督，相信有你們的支持與鼓勵，我們絕對會更加努力的。我亦同時分享自身學習經驗及態度，期望能帶給裁判同業或想投入棒球裁判的有志青年，實用建議與協助，讓臺灣職棒專業更加百花齊放、生機盎然。

二〇二一年十二月二十二日

附錄

蘇建文裁判 里程碑紀錄年表

1991

中華職棒二年

妻子在報紙上看到中華職棒刊登招募裁判廣告，在妻子鼓勵下決定參加面試，在 200 多人中脫穎而出，成為錄取 3 人之一。

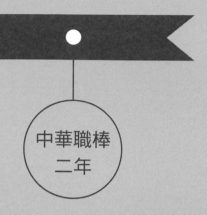

1992

中華職棒
三年

3月19日，於中華職棒三年開幕戰，在臺北市立棒球場舉行的味全龍對統一獅的比賽中擔任右線審，為個人一軍執法初登場。

6月27日第1場擔任主審。

2000

中華職棒
十一年

8月31日執法1000場。

2003

中華職棒
十四年

10 月 16 日，於總冠軍賽第五場擔任一壘審，四局下判定鄭兆行漏踩壘，與農牛隊總教練陳威成抗議過當，遭驅逐出場，重覆觀看影像畫面後，無法確定是否為誤判，但聯盟認定陳威成總教練之抗議行為嚴重不當，將其處以禁賽五場、罰款十萬的處分。

2002

中華職棒
十三年

5 月 29 日，於統一獅隊對戰兄弟象隊的比賽中擔任主審，喊出暫停後，統一獅隊洋投喬伊仍舊執意投球，遭其砸中身體，隨即上前給予嚴正警告。

2007

中華職棒
十八年

在日本東京巨蛋棒球場舉行第三屆亞洲職棒大賽擔任裁判，第一次執法國際賽。

2005

中華職棒
十六年

3 月 08 日，熱身賽劉芙豪於六局上轟出滿貫全壘打，但就在通過一壘往二壘跑的途中，竟超越前位跑者高志綱，立即判劉芙豪出局，結果紀錄上是支安打，成了支罕見的「消失滿貫砲」。

6 月 19 日，在興農牛隊對戰誠泰 Cobras 隊的過程中，發生不小心把球丟到捕手陳克帆的頭盔上的意外。

2011

中華職棒
二十二年

在臺中市洲際棒球場與桃園國際棒球場舉行第五屆亞洲職棒大賽擔任裁判，第二次執法國際賽。

2009

中華職棒
二十年

4 月 24 日執法 2000 場。

10 月 25 日，在兄弟象隊對戰統一 7-ELEVEn 獅隊總冠軍賽第七場時擔任主審，對於兄弟象隊球員朱鴻森打出界外球後走回打擊區外請示暫停不予同意，隨後待守備球員準備完畢後喊 PLAY，造成朱急忙跳進打擊區的荒唐畫面，後朱鴻森與其發生抗議過當，遭驅逐出場。

日韓職棒總冠軍對抗賽裁判。

2013

中華職棒
二十四年

9月19日執法2500場。

2012

中華職棒
二十三年

9月30日，在獅、象救援王護航事件中遭禁賽3場，但亦有網友為其抱不平，認為蘇建文其實有警告動作。

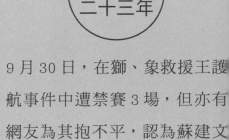

2015

中華職棒二十六年

11 月於世界 12 強棒球賽於首屆比賽金牌戰擔任左線審，第四次執法國際賽。

2014

中華職棒二十五年

在臺中市洲際棒球場與雲林縣立斗六棒球場舉行 U21 世界盃棒球賽擔任裁判，第三次執法國際賽。

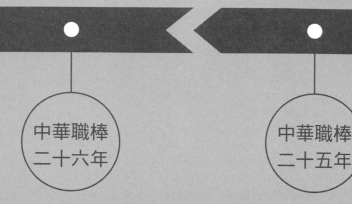

2016

中華職棒
二十七年

從中華職棒賽務部副裁判長，調任裁判長，直至 2018 年底。

2017

中華職棒
二十八年

3 月受邀於 2017 年第四屆世界棒球經典賽 B 組執法，首場出賽為日本隊與澳洲隊之二壘審，第五次執法國際賽。

2017 年擔任亞洲職棒冠軍爭霸賽裁判。

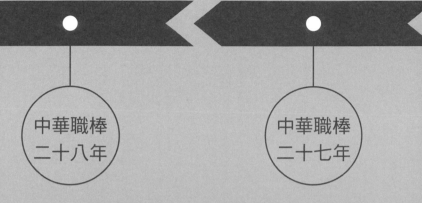

2019

中華職棒三十年

1 月，調任中華職棒賽務部副裁判長，原職由張展榮副裁判長升任。

6 月 30 日，於聯盟上半季最終戰由富邦悍將隊對上中信兄弟隊時擔任一壘審，達成生涯第 3,000 場執法比賽，聯盟史上第一位。

2018

中華職棒二十九年

11 月 1 日中華職棒總冠軍賽第四場於臺南棒球場擔任主審，為個人生涯在 CPBL 臺灣大賽執法第 100 場，聯盟史上第一位。

2022

中華職棒
三十三年

1 月 16 日，擔任中華職棒裁判訓練營講師。

3 月 29 日，出版《火眼金睛與 0.4 秒的判斷：中華職棒鐵面裁判蘇建文的三千站場》一書。

2021

中華職棒
三十二年

11 月 21 日累計執法 3227 場。

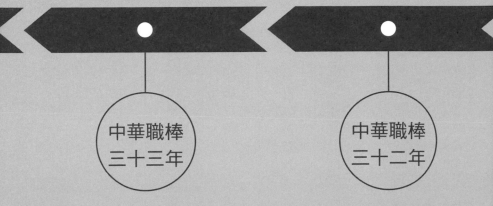

｜附錄｜

蘇建文裁判執法場次

年度	主審場次	一壘審	二壘審	三壘審	右線審	左線審	合計場次
1992	1	2	8	10	37	44	102
1993	21	17	8	15	26	21	108
1994	20	18	15	15	23	15	106
1995	22	21	18	19	14	14	108
1996	20	21	20	16	13	19	109
1997	28	29	29	17	25	12	140
1998	24	28	21	23	21	25	142
1999	29	30	25	28	1	0	113
2000	23	27	24	13	2	0	89
2001	26	26	20	18	0	0	90
2002	29	23	20	18	0	0	90
2003	43	42	30	26	6	8	155
2004	33	34	31	17	3	4	122
2005	27	35	30	20	6	6	124
2006	33	42	32	13	7	8	135
2007	39	43	36	7	0	0	125
2008	44	46	31	2	0	0	123
2009	39	41	25	4	0	0	109
2010	36	27	26	15	0	0	104
2011	39	36	34	3	0	0	112
2012	35	41	27	5	0	0	108
2013	36	39	24	4	0	0	103
2014	36	30	21	14	0	0	101
2015	31	25	21	21	0	0	98
2016	24	18	26	30	0	0	98
2017	23	0	26	42	0	0	91
2018	24	0	0	24	0	0	48
2019	25	26	22	21	0	0	94
2020	26	18	15	21	0	0	80
2021	28	25	24	23	0	0	100
總計	864	810	689	504	184	176	3227

蘇建文裁判總冠軍賽執法場次

年度	主審場次	一壘審	二壘審	三壘審	右線審	左線審	合計場次
1993	0	0	0	0	2	1	3
1996	1	0	0	1	1	1	4
1998	1	1	1	1	1	1	6
1999	1	1	0	0	2	0	4
2000	1	2	1	1	1	0	6
2001	2	2	2	0	0	0	6
2002	1	0	0	1	0	0	2
2003	1	2	1	1	0	0	5
2004	0	2	3	1	1	0	7
2005	1	1	0	0	0	1	3
2006	1	1	0	0	0	0	2
2007	2	3	0	0	1	0	6
2008	2	2	0	0	0	2	6
2009	3	1	2	0	0	0	6
2010	1	1	0	0	0	0	2
2011	1	1	0	0	0	0	2
2012	1	1	1	0	0	1	4
2013	1	0	1	1	0	0	3
2014	1	1	1	0	1	1	5
2015	2	0	0	2	1	1	6
2016	1	0	2	1	0	1	5
2017	1	0	1	1	0	0	3
2018	1	0	0	3	1	0	5
2019	0	1	1	0	1	1	4
2020	2	1	1	1	0	1	6
2021	1	0	0	1	1	0	3
總計	30	24	18	16	14	12	114

國家圖書館出版品預行編目資料

火眼金睛與 0.4 秒的判斷：中華職棒鐵面裁判蘇建文的三千站場
/ 蘇建文著　—初版—
台北市：春光出版；家庭傳媒城邦分公司發行；
2022.4（民 111.4）　面：公分. -（心理勵志：137）
ISBN　978-986-5543-88-4（平裝）

1.CST: 蘇建文 2.CST: 職業棒球 3.CST: 裁判 4.CST: 傳記

528.955　　　111003095

心理勵志 137

火眼金睛與 0.4 秒的判斷：中華職棒鐵面裁判蘇建文的三千站場

作　　者／蘇建文
企劃採訪／郭羿婕
採訪撰稿／葉姵妤
企畫選書人／張世國
責任編輯／張世國
發　行　人／何飛鵬
總　編　輯／王雪莉
業務經理／李振東
行銷企劃／陳姿億
資深版權專員／許儀盈
版權行政暨數位業務專員／陳玉鈴
法律顧問／元禾法律事務所　王子文律師

出版／春光出版
台北市 104 民生東路二段 141 號 8 樓
電話：(02)2500-7008
傳真：(02)2502-7676
網址：www.ffoundation.com.tw
email：ffoundation@cite.com.tw

發行／英屬蓋曼群島商
家庭傳媒股份有限公司城邦分公司
台北市民生東路二段 141 號 11 樓
書虫客服服務專線
02-25007718・02-25007719
24 小時傳真服務
02-25170999・02-25001991
服務時間
週一至週五 09:30-12:00・13:30-17:00
郵撥帳號：19863813
戶名：書虫股份有限公司
讀者服務信箱 E-mail
service@readingclub.com.tw
歡迎光臨城邦讀書花園
網址：www.cite.com.tw

城邦讀書花園
www.cite.com.tw

香港發行所／城邦（香港）出版集團有限公司
香港灣仔駱克道 193 號 1
東超商業中心 1 樓
電話：(852)25086231
傳真：(852)25789337

馬新發行所／城邦（馬新）出版集團
【Cite(M)Sdn. Bhd.(458372U)】
11, Jalan 30D/146, Desa Tasik,
Sungai Besi, 57000 Kuala Lumpur,Malaysia.
電話：603-9056-3833
傳真：603-9056-2833

封面版型設計／ Snow Vega
排　版／ UA、Snow Vega
印　刷／高典印刷有限公司
■ 2022 年（民 111）3 月 29 日初版一刷
■ 2023 年（民 112）9 月 8 日初版 2.3 刷
Printed in Taiwan.

售　價 ／ 399 元

ISBN 978-986-5543-88-4

書中照片提供
CPBL 中華職棒大聯盟、蘇建文、
目映台北 攝影師石育安
在取得目映台北以及攝影師石育安先生的同意之後，始進行出版事宜，使用於：封面、書名頁、P67 上下、P71、P77 上下、P89 上、P93 上下、P103 上、P117 下、P215、P256 彩頁

廣　告　回
北區郵政管理登記
臺北廣字第000791
郵資已付，免貼郵

104臺北市民生東路二段141號11樓

英屬蓋曼群島商家庭傳媒股份有限公司
城邦分公司

請沿虛線對折，謝謝！

愛情・生活・心靈
閱讀春光，生命從此神采飛揚

春光出版

書號： OK0137	書名：火眼金睛與 0.4 秒的判斷：中華職棒鐵面裁判蘇建文的三千站場

請於此處用膠水黏貼

買書抽獎送蘇建文裁判親簽
中華職棒紀念商品

填寫紙本回函卡並寄回出版社，或完整填寫電子回函卡附上購書發票（需含書名）就能夠參加抽獎活動，獲得蘇建文裁判簽名版 2022 中華職棒官方紀念帽、紀念球！

回函卡贈品為：
2022 中華職棒紀念球蘇建文裁判簽名版（3 名）
2022 中華職棒機能帽蘇建文裁判簽名版

※ 收件起訖：即日起至 2022 年 5 月 20 日（以郵戳為憑）
※ 得獎公布：共計 6 名，預計於 6 月中旬於春光出版臉書粉絲團公布得主（活動詳情請查閱粉絲團貼文公告）

注意事項：
1. 得獎商品不供選擇，隨機寄出。
2. 為保障您的得獎權利，電子回函卡需「完整填寫」寄件姓名、電話、地址、購書名、購書發票。
3. 本回函卡影印無效、遺失或毀損恕不補發。
4. 本活動僅限台澎金馬區回函。
5. 春光出版保留活動修改變更權利。

春光 IG　春光粉絲團　電子回函卡

謝謝您購買我們出版的書籍！請費心填寫此回函卡，我們將不定期寄上城邦集團最新的出版訊息。

姓名：________________
性別：□男　□女
生日：西元________年________月________日
地址：________________
連絡電話：________________傳真：________________
eMail：________________
職業：
您從何種方式得知本書消息？
□書店　□網路　□廣播　□親友推薦
您通常以何種方式購書？
□書店　□網路　□其他
您喜歡閱讀哪些類別的書籍？
□財經商業　□自然科學　□歷史　□法律　□文學
□休閒旅遊　□人物傳記　□小說　□生活勵志　□其他

請於此處用膠水黏貼

PBL
MIZUNO
CPBL

主審 in side 裝備一覽

護胸

面罩

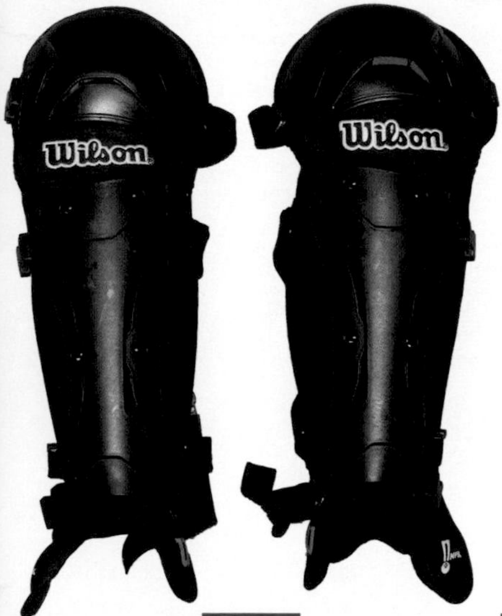

護膝

球帶

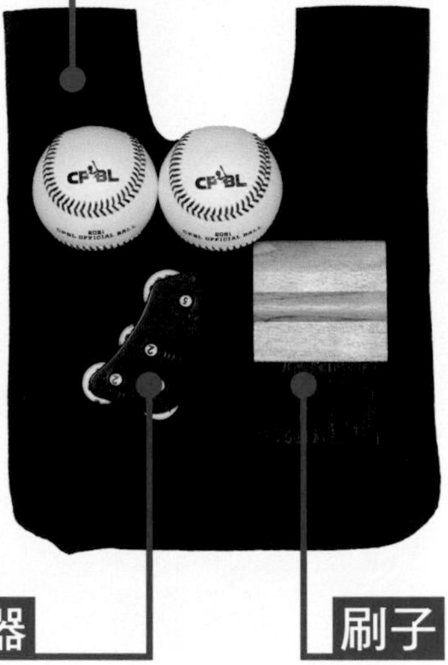

計球器

刷子

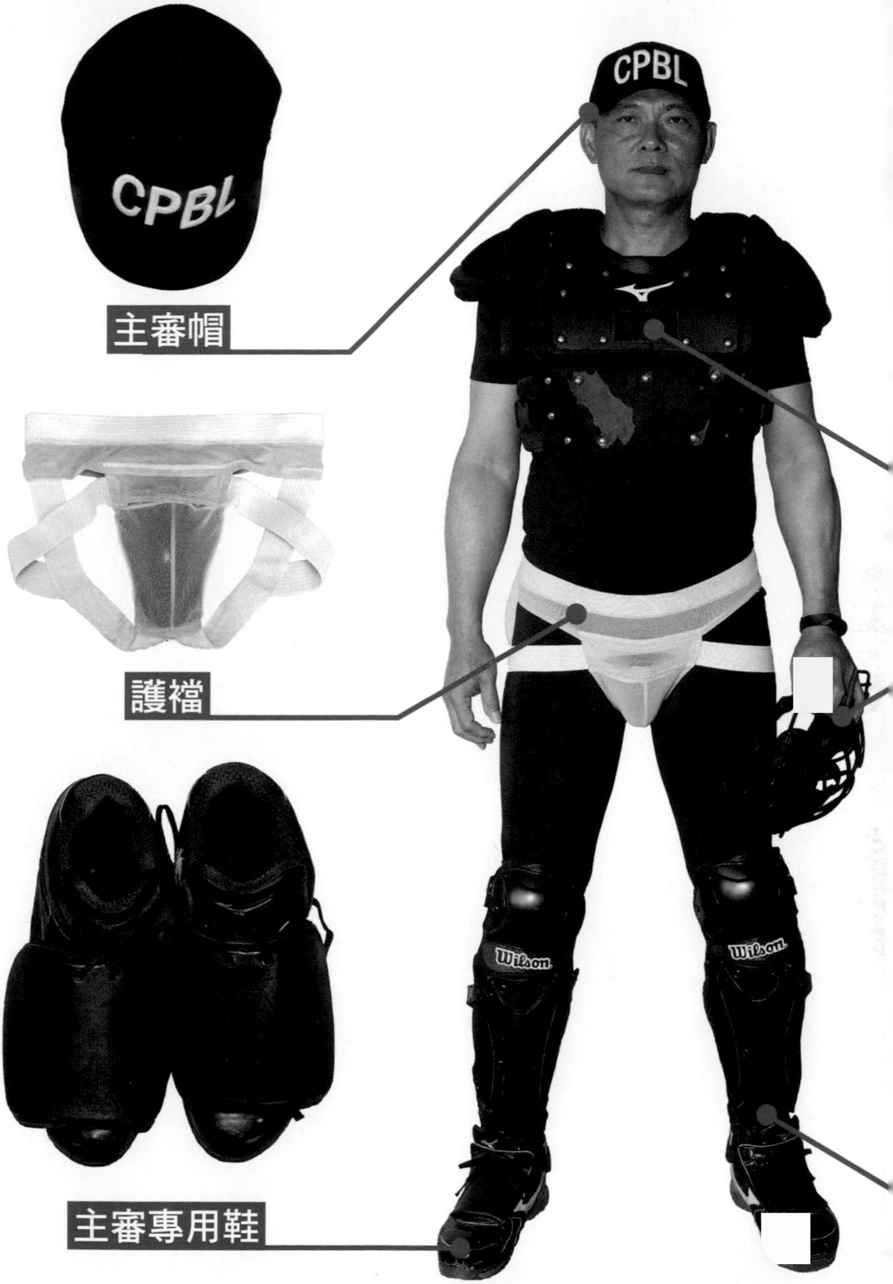
主審帽
護襠
主審專用鞋
CPBL

2021 年總冠軍 G3 裁判 Paly Ball 前，裁判之間的加油打氣。

於臺南球場，因雨裁判協商後，暫停比賽之宣告。

擔任主審時的狀況與 0.4 秒的判斷、以及三振出局手勢。

擔任主審時對投手違規提出警告。

於臺南球場擔任主審。

中信 VS 富邦擔任主審，本壘攻防戰宣告跑者安全得分。

當壘審時的姿態與球員們的站姿站位。

當壘審時的姿態。

當壘審時的姿態。

2003 年牛象總冠軍賽 G5，牛隊總教練陳威成抗議是否漏踏壘之判決，與裁判火爆場面，後陳威成不爽遭驅逐出場後揮拳打裁判，裁判同仁機警架開。

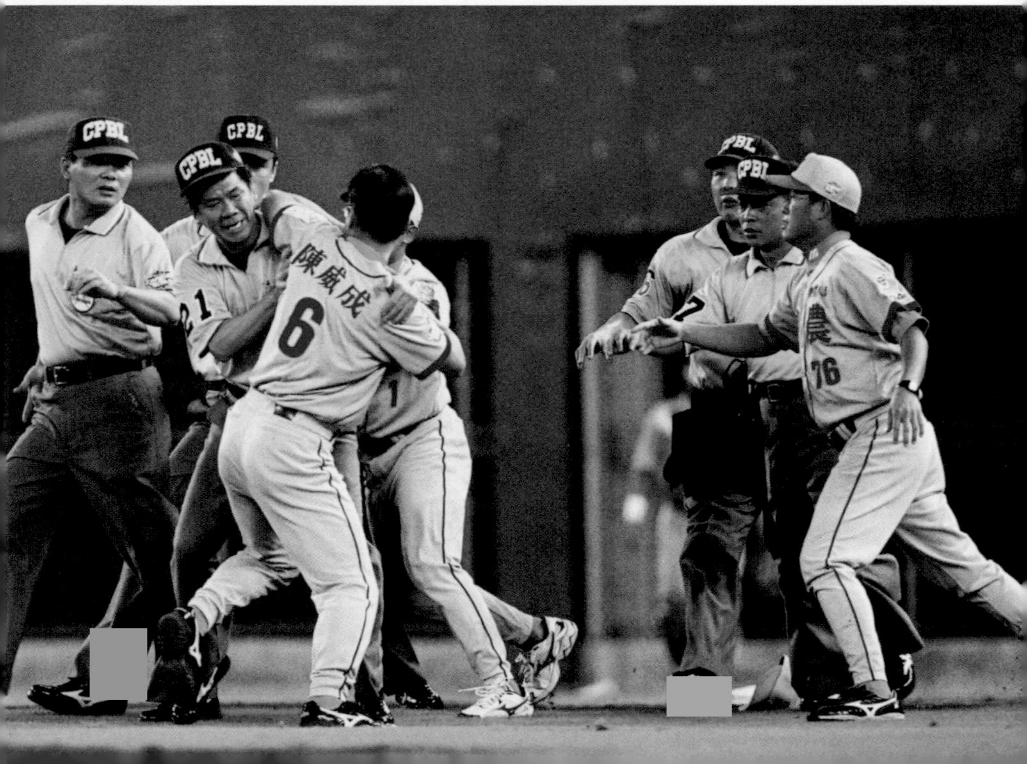

2009 年象獅總冠軍賽 G7 擔任主審，象隊朱鴻森抗議暫停不准而身體衝撞裁判，將朱鴻森驅逐出場後，兄弟總教練中込伸上場詢問判決依據。

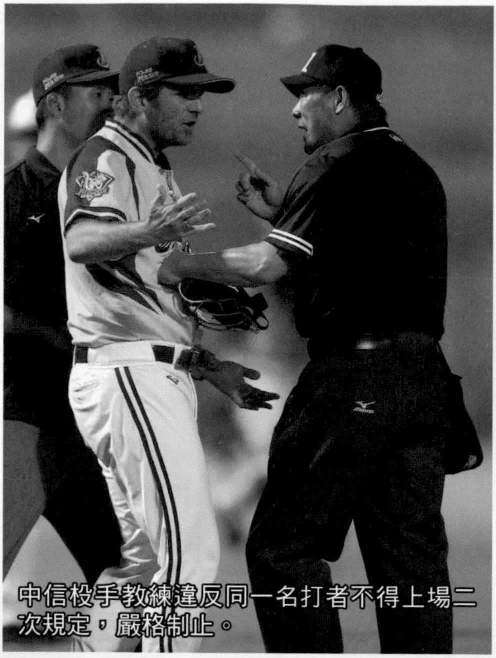
中信投手教練違反同一名打者不得上場二次規定，嚴格制止。

1993 年擔任主審時，與時報鷹總教練李瑞麟場上狀況解說。

中信 VS Lamigo 總冠軍戰 G7，洪一中上場替投手之好球未撿而打抱不平。

擔任主審遇中途下雨時判斷。

2017 年中職裁判受邀擔任日韓對抗賽大會裁判。

2015 年世界盃 12 強比賽於東京巨蛋，裁判賽前與大聯盟裁判技術委員 Laury Young 合影。

2015 年世界盃 12 強比賽，擔任波多黎各對日本比賽主審。

2013 年世界盃前哨戰，古巴 vs 日本對抗賽，中職裁判受邀執法，於福岡巨蛋擔任主審。

2015 年世界盃 12 強比賽，擔任墨西哥對日本主審，本壘攻防戰判定跑者出局。後被球迷稱為火眼金睛。

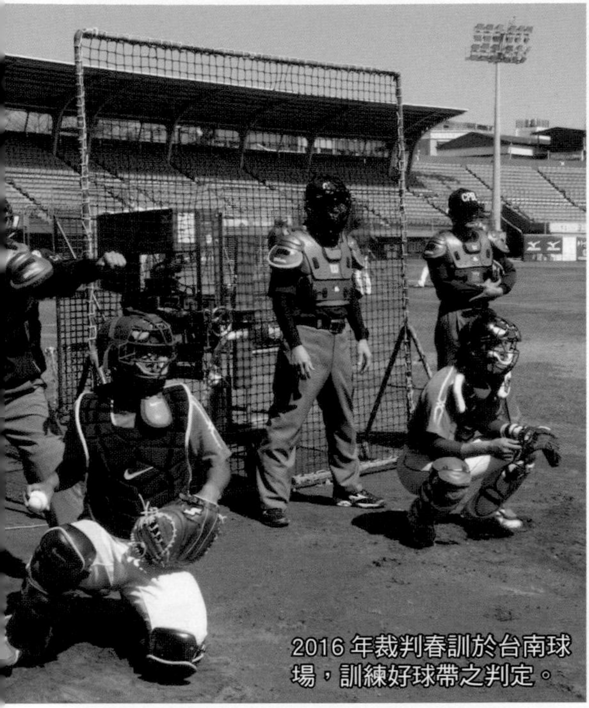

2016 年裁判春訓於台南球場，訓練好球帶之判定。

2017 年聯盟舉辦裁判講習會，特邀日職裁判長友寄及資深優秀裁判谷博，協助授課講解分享。

2017 年聯盟舉辦小小兵棒球裁判訓練營，指導小朋友如何當主審。

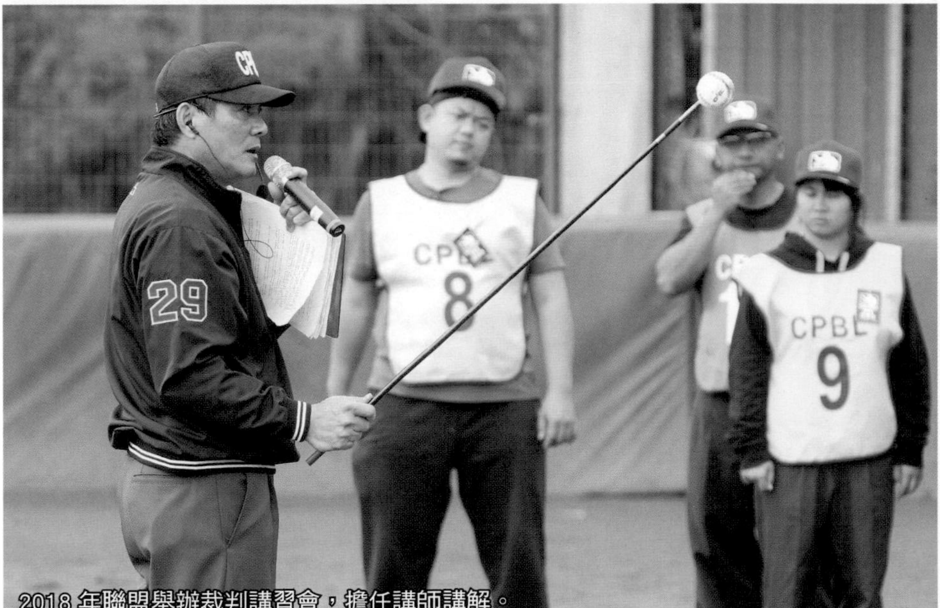

2018 年聯盟舉辦裁判講習會，擔任講師講解。

2021 年獅象總冠軍賽 G4 兄弟封王，賽後裁判與會長合影。

2019 年完成 3000 場記錄，接受秘書長馮勝賢表揚，
聯盟特別安排神祕嘉賓「老婆」一同接受表揚。

CPBL UMPIRE

聯盟裁判教育訓練活動海報及專用 logo（擔任主審宣告 Strike 的手勢剪影）。

苦練決勝負
人品定優劣